编 委 会

顾　　问　练知轩
主　　任　徐启源
副 主 任　陈伙金　林　山
成　　员　黄文山　陈水娣　林秀玉　郭志杰
　　　　　单　南　王　坚　何　玲
编　　辑　李铁生　郑　莉
封面摄影　陈　奇　陈　文

闽都文化丛书
福州闽都文化研究会

闽都文化与城市乡村

福州闽都文化研究会 编

图书在版编目(CIP)数据

闽都文化与城市乡村/福州闽都文化研究会编.
－福州:海峡文艺出版社,2022.10
(闽都文化丛书)
ISBN 978-7-5550-3166-6

Ⅰ.①闽… Ⅱ.①福… Ⅲ.①地方文化－文化研究－福建 Ⅳ.①G127.57

中国版本图书馆CIP数据核字(2022)第181207号

闽都文化与城市乡村

福州闽都文化研究会	编
出 版 人	林　滨
责任编辑	林鼎华
编辑助理	陈泓宇
出版发行	海峡文艺出版社
经　　销	福建新华发行(集团)有限责任公司
社　　址	福州市东水路76号14层
发 行 部	0591－87536797
印　　刷	福州凯达印务有限公司
地　　址	福州市金山红江路2号浦上工业园B区47号楼
开　　本	720毫米×1010毫米　1/16
字　　数	190千字
印　　张	13
版　　次	2022年10月第1版
印　　次	2022年10月第1次印刷
书　　号	ISBN 978-7-5550-3166-6
定　　价	50.00元

如发现印装质量问题，请寄承印厂调换
联系电话：0591-83785911

序

  文化是一个国家、一个民族的灵魂。中华民族在几千年的历史中创造和延续的中华优秀传统文化，是中华民族的根与魂。闽都文化是中华优秀传统文化的重要组成部分，它是以闽越文化为基础，以中原文化为主体，融汇了海外文化，具有领风气之先，开放和包容的鲜明特征，是千年古城福州的灵魂，是推动福州经济社会全面协调发展的不竭动力。

  2011年，中共福州市委、福州市人民政府批准成立了闽都文化研究会，并赋予"整合闽都文化研究资源，弘扬闽都优秀传统文化，打造闽都文化品牌"的使命。我会成立以来，积极联合省内外高校、研究机构，以"闽都文化论坛""闽都文化讲坛"等为载体，推动闽都文化学术研究和交流活动不断向纵深推进；组织著名专家学者编纂《福州通史》、"三坊七巷丛书"、"福州近现代名人传记"等闽都文化系列专著，定期出版《闽都文化》杂志，积极展示闽都文化研究成果；联合有关部门创办"闽都艺术团"，举办"闽都文化书画摄影艺术巡回展"，开展"闽都文化进校园、进社区、进农家书屋、进海外社团"等活动，推动闽都文化宣传普及，不断在实践中弘扬闽都优秀文化，助力打响闽都文化国际品牌。

  与此同时，我会还围绕服务福州经济社会全面发展的大局，注重闽都文化理论与实践的有机结合，研究闽都文化与城乡经济社会发展的关系，着力解决发展过程中存在的问题。特别是近年来，我们分别从闽都文化与福州城市化进程和闽都文化与乡村振兴两个方向组织开展系列研究，取得良好成效。在开展调研的过程中，我们组织有关专家学者，在有关部门的大力支持配合下，从每个课题主题的确立、论点的提炼、框架的设计、内容的取舍以及文字的推敲，都广泛征求和听取意见；组织课题组成员开展了深入的田野调查、案例剖析，足迹遍及省内外。这些系列课题研究成果，得到中共福州市委、市政府主要领导及分管领导的充分肯定和社会各界的关注，许多课题分别获得了福州市调研成果特别奖和一、二等奖，有效推动闽都文化研究的创造性转化和创新性发展。

闽都文化与城市化进程系列课题紧紧围绕闽都文化与福州城市化发展进程的关系展开研究。从2016年开始，我们联合福州市文联，从闽都文化与福州新区开放开发关系入手，逐渐拓展到闽都文化与"五区叠加"、福州城市化、有福之州幸福之城建设、福州历史文化街区（风貌区）保护开发、福州申报世界文化遗产、非物质文化遗产保护与弘扬的关系等中共福州市委、福州市政府中心工作和社会关注的热点问题进行调研，提炼了闽都文化的特质特征，梳理了闽都文化在推动福州城市发展过程中的重要作用，并借鉴了国内外其他城市在挖掘地方优秀文化，推动城市发展的经验，提出了传承弘扬闽都文化，增强城市文化软实力，助力福州加快建设现代化国际城市的对策建议。

闽都文化与乡村振兴关系系列课题是根据福州市乡村地理特征的三种区域类型，对山区县、平原县和沿海县采取由点及面，从个案到全域的选点模式，先后对福州鼓岭，闽侯青口，永泰庄寨，闽清、罗源全域，连江、福清个别沿海小镇等县乡开展田野调查。通过资料查阅、问卷调查、田野考察与访谈等多种方式，对弘扬鼓岭、永泰庄寨、闽侯乡土、福清侨情、罗源畲乡等闽都特色文化，推动名镇名村保护开发，助力新时代"三农"发展、建构闽都文化和乡村旅游产业融合、推动乡村文化产业发展等进行深入研究，分析短板问题，提出厚植乡村文化之根，铸造乡村发展之魂，充分挖掘闽都文化资源禀赋，深挖闽都文化内涵，促进创新特色产业发展的对策建议。

闽都文化是福州城市的文化软实力。福州加快建设现代化国际城市，需要社会各方面的不懈努力。闽都文化研究会近几年致力发挥闽都文化智库的主力军作用，注重联手各级文化研究机构和相关地区、有关部门，形成研究合力，对福州社会发展起到助力推动作用，这些研究成果不仅进入中共福州市委、市政府决策参考，也引起福建省市各级各部门的广泛关注。随着福州推进"强省会"战略,建设福州都市圈的时代进程,闽都文化研究会的系列调研还要继续深化,课题方向还要拓展。我们将一如既往,为打响闽都文化国际品牌,贡献智慧和力量。

为了进一步梳理和展示闽都文化课题研究的阶段性成果,不断深化闽都文化课题研究工作,更好地服务中共福州市委、市政府中心工作,我们将近年来的课题研究成果结集出版,希望得到社会各界的关注和批评指正,以进一步形成闽都文化研究合力,为福州坚持"3820"战略工程思想精髓,打响闽都文化国际品牌,全方位推进高质量发展超越,不断做出新贡献!

是为序。

福州闽都文化研究会

2022年5月23日

目 录

一、2016年调研课题

传承创新，提升福州新区软实力
　　——闽都文化与福州新区开放开发研究　　1
鼓岭的文化深耕与弘扬　　16

二、2017年调研课题

发挥闽都文化作用，服务滨海新城开发建设
　　——基于"五区叠加"背景下的闽都文化研究　　36
闽都文化视域下的名镇名村保护与开发　　49

三、2018年调研课题

闽都文化与福州城市化进程研究　　63
福州市乡村振兴中闽都文化导向研究
　　——以永泰庄寨建设为例　　75

四、2019年调研课题

打造新时代有福之州幸福之城的闽都文化支撑研究　　106
闽都文化与福州市乡村振兴战略区域研究　　121

五、2020年调研课题

推动福州历史文化街区（风貌区）保护开发的研究
——以上下杭历史文化街区为例　　148
闽都文化与乡村文旅产业融合研究　　162

六、2021年调研课题

关于借鉴外地经验，进一步推动福州申报世界文化遗产工作的思考
　　174
闽都文化赋能福州市乡村文创产业发展研究　　188

后记　　201

一、2016年调研课题

传承创新，提升福州新区软实力

——闽都文化与福州新区开放开发研究

【摘要】福州新区是"海上丝绸之路"的起点之一，区域内文物遗迹众多，文化底蕴深厚，是闽都文化的重要承载地。福州新区的文化资源丰富，具有突出的特点，在福州新区开发开放中做好闽都文化保护传承具有重要意义。福州新区在加强闽都文化传承保护开发过程中要注意遵循规律、合理规划，全面铺开、深度发掘，整合资源、创新思路，突出特色、优势互补，以人为本等。要正确处理好闽都文化传承保护与福州新区开放开发关系，并从中得到有益的启示。

【关键词】闽都文化；福州新区；传承；开发；开放

福州新区是闽江口金三角经济圈的核心区、先行区和示范区，是建设"海上福州"的重要阵地和带动福州全域及闽东北区域发展的强力引擎。开展"闽都文化与福州新区开放开发"课题研究，主要目的是通过对福州新区范围内闽都文化资源的深度挖掘、系统梳理和保护开发，传承弘扬闽都文化开放包容、领风气之先的精神，以文化的传承创新，进一步提升福州新区软实力，夯实新区文化支撑，增强新区文化自信，充分发挥福州新区作为两岸合作重要承载区和两岸对接前沿平台的作用，更好地促进对台交流合作，深化"海上福州"建设，推动建设"机制活、产业优、百姓富、生态美"的新福州。

一、福州新区的闽都文化资源基本概况

福州是八闽首府，左海名城，史称闽都。闽都文化是指有史以来，生活在以福州为中心的闽江中下游地区人民共同创造的地域文化，是以闽

越文化为基础，以中原文化为主体，融汇了海外文化，具有领风气之先、开放包容的鲜明特征。三坊七巷文化、昙石山文化、船政文化、寿山石文化、温泉文化等是闽都文化的重要组成部分，林则徐、沈葆桢、严复、林纾等都是闽都文化名人的杰出代表。

福州新区规划总面积1892平方公里，范围涉及福州沿海沿江的罗源、连江、马尾、仓山、长乐及福清6个县（市）区部分乡镇（街道）；初期规划面积800平方公里，范围包括马尾、仓山、长乐、福清4个区（市）的26个乡镇（街道），涵盖7个国家级和3个省级经济开发区，区域内常住人口150多万。福州新区自古是"海上丝绸之路"的起点之一，区域内文物遗迹众多，文化底蕴深厚，是闽都文化的重要承载地。福州新区的文化具有以下六个特点：

（一）历史悠久，物杰地灵

文化是城市的生命和灵魂。福州2200多年建城史，某种意义上说也是一部闽都文化发展史。作为福州新区范围的马尾、仓山、长乐、福清，在这一进程中发挥了重要作用。早在春秋时期，吴王夫差和三国时期吴主孙皓都在长乐屯兵造船，故长乐别名"吴航"。北宋时期，由于政府对海外贸易采取奖励政策，福清就开始了海外贸易与交流。始建于南宋，位于马尾罗星山上的罗星塔，被外国船员称为"中国塔"，并被收入《航海针经图册》，成为国际公认的重要海上航标之一。南宋时期，朱熹在马尾亭江、仓山濂江书院等地讲学，四方学子闻朱子之名问道而来，亭江讲学之处被称为"朱子山"。明清以来，福州更成为东西方文化交流的汇集地，马尾、仓山、长乐、福清在此起到突出作用。明末清初，福清黄檗寺高僧隐元法师东渡日本弘法，把建筑、雕塑、书法、印刷、医药、音乐等大量先进的中国文化传入日本，形成日本的"黄檗文化"，他所创立的临济宗黄檗派，与日本原有的临济、曹洞二宗三足鼎立，成为日本佛教的主流，对日本及东南亚产生积极深远的影响。清同治五年（1866），闽浙总督左宗棠在福州马尾创办了福建船政，培养和造就了一批优秀人才，推动了中国造船、电灯、电信、铁路交通、飞机制造等近代工业的诞生与发展。改革开放以来，福州作为全国首批14个对外开放沿海港口城市之一，享有国家特殊优惠政策，特别是一批经济技术开发区、保税区、高科技园区、出口加工区集聚福州新区范围内，为如今的新区发展奠定了坚实的基础。

（二）资源丰富，遗迹众多

一是文物保护单位多。据初步调查，福州新区范围内登记在册的文物保护单位有199个（国家级11个、省级28个、市级160个），文化景点50处。涉及人文、政治、军事、教育、宗教、文学、外交等领域，涵盖港口、造船、航海、古建筑及历史纪念建筑物、雕刻、古遗址、名人、理学、艺术、武术、民俗等类别。其中区内的世界唯一的船政建筑群、最早被国际公认的航海塔、世界上最古老的车间、世界上唯一的木质天后宫、世界上最大的脱胎漆器妈祖像、中法马江海战古战场、严复故居和墓、南少林遗址、圣寿宝塔天妃灵应之记碑（郑和碑）等都极具价值，在国内外有着重大影响。二是文化景点知名度较高。船政文化景区、石竹山风景区是国家4A级景区，漳港显应宫、林浦历史风貌区、闽安历史文化景区等有较高的知名度。三是非物质文化遗产丰富。元宵节习俗（马尾、马祖）、南少林宗鹤拳、高湖舞龙灯等12项入选国家级项目。四是民间信俗文化丰富多彩。有妈祖信仰、陈靖姑信俗、石竹山梦文化等著名民间信俗文化品牌，还有名目繁多的民间信仰上百种。五是特色文化品牌逐渐形成。近年来，福州新区所在各区、市不断加大文化投入力度，如福清市突出区域特色，以传统"人文"彰显文化底蕴，以石竹山梦文化、宗鹤拳、南少林武术等非物质文化遗产传承弘扬为重点，重点打造七大文化旅游产业项目，形成以历史名镇、名人故居、名山名寺、名园古墓、名胜古迹的文化旅游项目，初步构建本土特色的文化展示平台，形成具有鲜明特色的文化品牌；长乐市建设以郑和下西洋为主题的"闽江口旅游文化走廊"，新建了郑和史迹陈列馆、海丝馆等设施；马尾区有针对性地对船政文化旅游资源进行了保护和开发，推进船政文化开发，全方位展示船政文化历史风貌，打造综合性旅游文化创意产业基地；仓山区着力打造陈靖姑民俗文化、茉莉花茶文化、烟台山历史文化等文化旅游品牌，推进三江口文化旅游综合体及华侨城欢乐谷等重点文化旅游项目建设。

(三) 人文荟萃，文化昌盛

福州历来是大儒名宦、文人墨客荟萃之地，素有"海滨邹鲁"的美誉。在福州新区范围内，影响较大的历史人物众多，其中如董奉、隐元禅师、叶向高、沈葆桢、林纾、严复、陈季同、冰心等，皆名重一时，他们或启蒙思想，或富国强兵，或著书立说，或兴办教育，或传播文化，或悬壶济世，对中国和福建、福州的文化、经济的发展贡献殊多。书院是藏书、教学与研究三者相结合的高等教育机构，对中国封建社会教育与文化的发展产生重要的影响。福州新区范围内的书院始于宋代，共有42所，推动了当地和周边文化教育的繁荣。

(四) 海丝门户，影响深远

福州新区地处东南沿海，台湾海峡西岸，海洋文化十分丰富，特征明显。早在东汉时期，福州就与东南亚地区有贸易往来。唐宋时期，福州新区所在已成为繁华国际贸易港口，是"海上丝绸之路"的重要门户。明代的福州对外贸易进入鼎盛时期，福州港正式成为国家港口。著名航海家郑和七下西洋都是在福州太平港（马尾、长乐一带）增加给养后扬帆出海。清代自康熙、雍正之后开禁设关，福州对外贸易又趋繁荣，"福州三江口水师旗营"，是当时全国四大水师旗营之一。鸦片战争后，福州被辟为"五口通商"口岸之一。知识界的先知先觉者开始接受西方民主与科学的思想、自由与平等的观念，中国近代的思想启蒙与政治变革因而发生，闽都文化由此进入崭新的发展阶段，福州作为中国开风气之先的区域闻名于世。改革开放以来，福州成为全国首批14个对外开放沿海港口城市之一，开放开发的历程为福州新区发展奠定坚实的基础，积累了丰富的经验。

(五) 榕台交往，源远流长

福州新区地处海峡西岸，与台湾隔海相望，地缘相通，血缘相亲，自古交往密切，是福建省台胞的重要祖籍地之一。汉晋隋唐时期，福州与台湾之间经济往来日益频繁。宋元时代，台湾在行政上开始归属福建辖区，榕台经济交流更趋频繁，商业贸易往来日渐繁荣。明清两朝，福建向台湾的移民经久不衰，两地的生产技术、农业品种交流及商业贸易往来急剧增长。明末郑成功收复台湾、清康熙王朝统一台湾，都进一步强化了海峡两岸的经济往来。福建船政水师官兵巡台抚台，对台湾政治经济文化的发展和清末大陆民众移居台湾产生极大的影响。许多台湾老海军及其后裔对船政文化都有极强的认同感。福州教育对台湾影响较大，台湾府儒学首任教授是长乐人林谦光，继任者是福清人张士昊，第三任为福清人林庆旺，均为台湾的儒学教育打下基础。榕台两地的宗教、民间信俗交流十分密切。台湾大部分寺庙都属"鼓山法系"。据《台湾通史》卷22"宗教志"记载，台湾"佛教之来，已数百年，其宗派多传自福建，黄檗之徒，实授衣钵"。榕台民间信仰同属一个信仰圈，带有鲜明的区域性。目前在台湾8000余座寺庙中，其所奉祀的神明，源出福州的就有临水夫人陈婧姑、白马三郎、照天君等等。近年来，随着榕台交往的不断发展，福州新区与台湾的文化交流日益密切，"两马（马尾、马祖）闹元宵""海峡两岸道教圆梦之旅暨中华梦乡福清石竹山梦文化节"等文化交流活动已形成常态。

(六) 积淀深厚，内涵深刻

闽都文化是随着历史进程，渐次积累，不断交融而形成的区域文化。在闽都文化的形成过程中，福州新区在几个重要节点上发挥了重要作用。如南宋时，朱熹及其弟子黄榦在福州马尾、仓山一些书院授课，理学因而得到广泛传播，使福州成为"儒学最盛之地"。又如鸦片战争前后，以林则徐为代表的一批福州籍官宦和学者，努力实施经世致用的学术宗旨，开眼看世界，开始了对外部世界的了解与探索。位于福州新区内船政文化的兴起，标志着中国近代新型企业的发轫与发展，造就严复、林纾、林白水、陈季同、詹天佑等新一代"开风气之先"的知识分子，打开了我国近代思想解放的闸门，形成了海纳百川、开放包容，领风气之先的闽都文化精神，产生巨大的社会影响，有力推动了中国近代的历史进程。改革开放以来，习近平总书记在福州任市委书记时所倡导的"马上就办，真抓实干"，以及在推动马尾开发区和保税区建设中所凝聚的开发区精神，为闽都文化精神增添了鲜明的时代特色。

在福州新区调研中，我们也感受到闽都文化的保护开发工作存在一些问题：

一是对闽都文化开发保护不够重视。没有充分意识到文化资源在推进新区发展中将发挥的重大作用，未能将挖掘文化资源与当地经济、社会发展有机结合起来，缺乏文化根基与渊源，难以形成富有地方特色的文化品牌。

二是资源整合效益不佳。据了解，福州新区刚设立，尚未制定比较完善的历史文化遗产保护规划，缺乏有组织、有计划、有系统的研究，缺乏对文化资源内涵的挖掘和品牌提炼。

三是文化产业项目和文化产品发展缓慢。目前福州新区尚缺乏具有带动性的文化产业项目和在全国具有一定影响力的文化产品。

二、在福州新区开发开放中做好闽都文化保护传承的意义

文化是地方兴旺发达的根基。文化在经济社会发展中起着不可替代的作用，两者相辅相成，互相促进。任何经济社会现象和模式的生成背后总有历史、文化因素在起作用。闽都文化是福州新区全面发展不可或缺的前提；新区的发展也将反哺闽都文化，不断丰富闽都文化的内涵。

（一）闽都文化是福州新区发展的重要动力

地方文化是地方经济发展的内在基础，是支撑一个地方生存、竞争和发展的巨大动力和无形资产。只有文化的发展，才能提升地方的价值品位，才能增强吸引力、扩大辐射力，才能塑造和完善形象，拉动经济社会的全面发展。闽都文化积淀深厚、内涵丰富，是福州的根之所系、脉之所在，更是福州新区发展的重要资源和宝贵财富。闽都文化所包含的开放、开先、包容的特质和海纳百川、"马上就办，真抓实干"的精神，将大大增强福州新区的内涵，体现福州新区的个性和特色，必须把文化建设摆在重要位置，把沉淀的历史文化资源进一步激活，切实做好传承与保护开发工作。

(二)闽都文化是福州新区软实力和竞争力的重要体现

文化是软实力,体现着一个地方的精神和灵魂,越来越成为综合竞争力的重要因素。自20世纪90年代美国学者约瑟夫·奈提出"软实力"的观点后,世界各国、各地区在谋划新世纪的发展战略时,无不极力挖掘文化这一影响自身发展的重要因素。习近平总书记在中共中央政治局第十八次集体学习时强调:中华优秀传统文化是我们最深厚的文化软实力,也是中国特色社会主义植根的文化沃土。闽都文化作为植根于福州的优秀传统文化,历史悠久、底蕴深厚、资源丰富,是福州新区软实力和竞争力的重要体现,必将在新区开放开发中发挥不可替代的作用。

(三)闽都文化是发挥福州新区作为两岸合作承载区和对接前沿平台的重要纽带

榕台一水相隔,在海峡两岸关系史上,榕台关系占有重要地位。特别是榕台相通的宗教、民俗等文化已成为榕台交往、延续亲情的重要纽带和主要内容,这既是榕台血脉相连、唇齿相依的历史写照,也是两地深化交流合作的重要基础。当前,福州新区肩负"更高起点、更广范围、更宽领域推进海峡两岸交流合作"的特殊使命,是海峡两岸交流合作的重要承载区和两岸对接前沿平台,必须进一步发挥闽都文化在连接两岸关系的桥梁纽带作用,扩大榕台文化交流,加强文化项目合作,真正成为全国对台文化交流前沿阵地。

三、加强闽都文化传承保护开发、助力福州新区发展的建议

福州新区独具国家级新区、海丝核心区、福建自贸试验区、生态文明区试验区、自主创新示范区等"五区叠加"的战略优势,闽都文化是福州新区的一笔丰厚财富。在新区开发建设过程中,建议把闽都文化传承保护开发纳入新区发展总体规划,与经济社会发展一同研究部署、一同组织实施,作为重大工程深入推进,让闽都文化在新区开放开发中焕发新异彩,不断增强新区的软实力、影响力和竞争力,着力把福州新区建设成为富有闽都特色的文化新区、魅力新区、活力新区。

(一)遵循规律、规划先行，科学编制高标准的福州新区的闽都文化保护规划

科学制定规划是实施文化保护的前提，也是推动新区科学发展的必然要求。福州新区历史文化传承保护是一项综合性很强的系统工程，应遵照历史文化名城保护有关规定，遵循文化发展规律，在广泛征求意见建议的基础上，编制翔实的新区文化保护发展规划，并使之真正落到实处。在制定福州新区文化保护发展规划中，需要注意把握以下因素：一是根据福州新区的历史和现状，紧密结合福州新区的历史文脉，突出区内的海丝文化、船政文化、宗教文化、信俗文化、对台文化的特点，体现闽都文化传统特色。重点对199个市级以上文物保护单位和50处文化景点作重点保护规划，划定绝对保护区、严格控制区和环境协调区，妥善处理保护与建设的关系，维护历史的连续性，做到古今和谐，古为今用。二是科学规划，把握好居民生活区、文化保护区、游客旅游区以及游客接待服务区不同功能，减少旅游开发对居民生活的干扰以及民风的侵蚀。三是突出重点，做大品牌，围绕打造船政文化、海丝文化、黄檗文化、陈婧姑文化、石竹山梦文化等重点文化品牌，统筹考虑，协调推进。四是明确规划的实施主体、管理单位、责权范围，使保护规划能真正落到实处。

(二)全面铺开、深度发掘，加大闽都文化传承和保护力度

充分发掘和利用历史文化资源，不断增强文化的影响力、渗透力和融合力。一是全面整理福州新区范围内历史文化遗存。建立新区的闽都文化档案数据库，收集民间方言、谚语、诗词、戏曲、舞蹈、名人录、族谱和楹联、题刻、名匾、名画等，摸清家底，分出序列，列出清单，分层次、分阶段、分重点逐一打造。二是进一步挖掘海丝文化、宗祠文化、民俗民间文化、宗教信仰、风土人情、历史人物及民间故事，加强方志、典故、传说的编纂工作，进一步激发闽都文化深厚的传统和强大生命力。特别要注意收集整理与台湾有关的文化资源，体现两岸文化的融合共生。三是活化利用文化遗产，探索大众文化传承新路。针对青少年、成人等不同群体，开设"非遗学堂"，将宗鹤拳、南少林武术、高湖舞龙灯、林浦安

南伬、周礼"俏舞"等非物质文化遗产"进社区""进学校",中小学还可以通过记学分等方式鼓励学生参与非遗传承,让广大市民、学生体验底蕴深厚的传统文化遗产。同时,建设福州非遗天猫店等一批电子商务平台,出售非遗产品。四是由财政出资设立活动资金,建立评比竞争机制,对好的文化活动项目给予一定的资金扶持,进一步激发民间力量参与文化资源挖掘传承保护工作的热情。五是加强阵地建设,针对当前福州文艺活动阵地缺乏,人气不足的问题,在新区建设"闽都文艺展示活动中心",进一步集聚文化气息,提升新区文化品位。六是鼓励社会力量参与,成立地方文化研究会,政府以"购买服务"的方式鼓励社会力量参与闽都文化传承保护工作,形成政府主导、社会参与做好文化保护工作的有效合力。

（三）整合资源、创新思路,打造新区文化品牌

借鉴广东南沙新区打造广州民俗文化节暨黄埔"波罗诞"千年庙会民俗文化品牌的经验,进一步整合福州新区闽都文化资源,着力打造在两岸都有较大影响、人气较旺的陈靖姑文化、石竹山梦文化等民俗文化节庆品牌,既增加新区文化内涵,提升新区人气,扩大新区影响;又借助民间信仰的交流,增进两岸同胞情谊。一是创新观念,整合力量。改变现有办节庆由一个地方、一个部门或者几个单位协办的松散局面,由新区管委会主办,提高规格,统一运作,整合资源,加强策划,扩大规模,提升运作能力。二是创新内容,深化内涵。深入挖掘文化内涵和特色民俗活动,增加互动环节,将单纯的朝祖进香、祭祀活动,办成内涵丰富的文化盛会,穿插各种民间艺术表演和专题学术研讨,弘扬民间信仰仁恕行善、慈悲济世的积极精神,将台湾民众及海外侨胞的宗教热情引导到民族认同感上。三是创新形式,打好"台"牌。充分发挥新区在两岸对接前沿平台功能,加强与台湾民间组织联系,共同打造在两岸有一定影响力的节庆盛会。如邀请两岸设计机构、高校一起举办服装、漆艺、雕刻等具有闽都风情的设计创作大赛等,展示和体现闽都文化的深厚底蕴。

（四）重点扶持、精心培育,壮大新区文化产业实力

贯彻落实中共福建省委、省政府《关于省市共同推进福州新区文化产

业加快发展的实施方案》，在重点打造文化旅游、动漫游戏、影视传媒、文化会展、创意工艺五大文化产业的基础上，结合区内闽都文化资源特点和优势，着力延伸文化产业链，加快把文化产业培育成为新区支柱产业。一是打造海洋文化产业示范区。充分发挥福州新区的海上丝绸之路核心区功能，发展海洋会展、游艇邮轮旅游业，支持海洋婚纱摄影业，把时尚文化与海洋文化相结合，打造以滨海文化旅游和海洋文化创意为一体的国家级海洋文化产业示范区。二是打造特色鲜明的文化旅游集聚区。以船政文化、海丝文化(郑和文化)、黄檗文化、石竹山梦文化的保护利用和展示，及滨湖、滨江、滨海生态为特色，集文化保护、人文教育、文化旅游、探秘访古、互动体验、休闲服务、观光度假为一体，打造具有国际水准的城市文化公园，形成各具特色的文化旅游集聚区，壮大文化旅游产业。三是打造动漫游戏产业链。当前，我国正成为全球动漫游戏及文化创意成长速度最快的一个地区。福州市的动漫游戏产业已有一定规模，特别是在游戏数据分析方面位居全国前列。要以此为契机，进一步拓展动漫游戏产业链条，以游戏开发带动信息内容、网络服务、播放载体等相关数字娱乐领域发展。四是打造投融资平台。针对当前文化产业存在产业规模小、市场抗风险能力弱、融资难等问题，为扶持文化产业发展，建议成立"福州新区文化产业担保公司"和"福州新区文化产业风险投资公司"，建立集无形资产保险、无形资产质押贷款、担保贷款、创业投资、风险投资、商业银行贷款为一体的投融资平台，提供一揽子融资服务，帮助文化企业解决融资瓶颈问题。

(五)突出特色、优势互补，推动榕台文化创意产业融合发展

台湾文化创意产业历经多年发展，已经达到一定高度，在展场布置、文创商品精致度及品牌故事形塑能力等方面独具优势，在亚洲乃至全球都具有一定的影响力。坚持把文化创意产业合作作为榕台交流合作的重要内容，注重台湾文化创意产业的理念与闽都文化特色相结合，发挥好新区在文化资源方面和台湾在文化创意人才方面的优势，利用好"两岸文化创意园"的载体，创新机制，开展两岸文化创意全方位合作，努力实现优势互

补、融合共生、共同发展。设立台湾同胞服务驿站，优化细化服务，广泛吸纳台湾文创优秀人才到新区创业，推动新区丰富的闽都文化资源优势转化为产业优势。利用新区在游戏产业数据集成、数据分析等方面的优势，加强与台湾文化创意企业对接，优势互补，做强做大游戏产业。

（六）以人为本、智力支撑，着力构建福州新区文化人才高地

做好新区文化传承保护开发，人才是关键。建议围绕福州新区战略定位和发展目标，加大对高层次人才引进和培育力度，统筹推进文化人才队伍建设，着力打造一支规模宏大、专业精湛、结构合理、作用突出的新区人才队伍。一是建立文化产业重大项目和课题引才机制。通过项目招标、技术委托、合作开发等形式，吸引文化旅游、动漫游戏、影视传媒、文化会展、创意工艺等方面的高层次人才到新区创新创业。二是探索柔性引才机制。在新区重点文化产业园区、科研机构、文化企业等设立短期工作岗位，采取短期聘任、项目合作、技术服务、科研、讲学、兼职、咨询等柔性流动方式，不转关系、不迁户口，吸引各类高层次人才来新区工作。把柔性引进人才纳入新区高层次人才范畴，享受配偶就业、子女入学等有关保障，并协助解决实际问题。三是鼓励支持高层次人才开展学术交流。支持新区重点文化园区或文化产业，利用"5·18"、"6·18"、文博会等平台载体，承办或联办高层次人才学术会议或学术论坛，加强与海内外同行优秀专家的深度交流和广泛联系。支持高层次文化人才参与国际国内学术会议、交流访问、短期进修等学术研修活动，并按照高层次人才层级和学术研修活动层次给予一定津贴资助。四是探索创建"名师、名家"工作室。建立以新区高层次文化人才姓名及其专业特色命名的名师、名家工作室，完善相关保障和资助机制，经申报认定建立名师、名家工作室的，予以一定的启动经费资助，并实施相应配套奖励政策。五是改革人才引进标准。综合采用职称、学历、论文以及企业年薪等多种标准，不拘一格引进人才，形成人才集聚效应，服务文化产业发展。

四、正确处理好闽都文化传承保护与福州新区开放开发关系的启示

文化建设是新区建设的重要内容,二者相辅相成、相得益彰。从外地国家级新区情况看,他们在开发建设中都十分重视新区文化的保护开发工作,如陕西西咸新区、广东长沙新区等,在制定新区发展规划中专项配套新区文化发展专项规划。因此,福州新区的开放开发,也应遵循文化建设同步的理念,切实把新区文化传承保护工作摆在重要位置。

启示之一:

要正确处理好闽都传统文化扬与弃的关系。习近平总书记指出:"中国共产党人始终是中国优秀传统文化的忠实继承者和弘扬者,从孔夫子到孙中山,我们都注意汲取其中积极的养分"。这就要我们理性对待闽都传统文化,取其精华,去其糟粕,才能更好地弘扬闽都优秀传统文化。"山海兼备""负陆面海"的特征孕育了闽都文化的内陆性与海洋性兼具的特质。福州人走的是典型的农业和手工业路子,缺乏与恶劣的自然条件进行搏斗抗争的冒险精神,有"求稳怕乱,畏惧危险"的情绪和小富即安的心态,体现了一种小心谨慎的生活态度和经世务实的价值观念。因此,我们在传承弘扬闽都文化的过程中,要注意摒弃不符合社会发展的落后的内容,并自觉加以改造和剔除,保持和发扬符合社会发展要求的、积极向上的内容。

启示之二:

要正确处理好文化资源挖掘保护和开发利用的关系。文化资源不仅具有历史、科学、艺术等基本价值,还具有教育、生态、旅游、经济等衍生价值。据了解,西咸新区在推进新区建设中,遵循挖掘保护和合理开发利用并重的原则,一方面,设立专项资金,增加对区内重点、核心文化资源保护的投入,保证文化资源得到有效保护;另一方面,又注意运用市场运作,将一般性文化资源和相关建设控制带进行招商引资,利用社会资金推动文化资源的开发利用,使文化保护与开发进入良性循环的模式。广州

南沙新区在推动非物质文化遗产保护开发过程中，对"黄阁麒麟舞""香云纱染整技艺""南沙赛龙艇"等非物质文化遗产，组织专家进行抢救性挖掘研究，设立非物质文化遗产保护基地，形成阶段性研究成果并及时公开展示，使这些濒临绝境的非物质文化遗产得到有效保护；同时，通过政府引导、市场运作、社会参与的模式，引导社会力量开展各种节庆文化展示活动、开发非物质文化遗产衍生产品，如黄阁麒麟舞的陶瓷制品等，使这些非物质文化遗产重新焕发生机和活力。福州新区需要借鉴这些做法，在开展文化保护开发工作中，既要重视挖掘保护文化资源的基本价值，又要重视开发利用文化资源的衍生价值，做到二者的辩证统一。

启示之三：

要正确处理好文化资源保护与城镇化建设的关系。文化资源在城镇化建设中有着独特的作用，不仅是城镇化建设的"助推器"，而且也是经济社会发展的"硬支撑"。因此，文化建设与城镇化关系密切，城镇化是文化建设的重要条件，文化建设又为城镇化提供保障和精神支持。推进城镇化过程中，如果忽视文化特色的继承，一味追求现代化的发展方式，必然使很多富有历史意义的城镇结构、城镇意象和城镇景观消失和破坏。如现在国内的一些地方，不加区别地搞拆旧建新、拆毁重建、"全面改造"等破坏性开发，拆掉真文物、建造假古董，使原有的城市风貌、文化遗存、地方风情的完整性、真实性受到破坏，导致城镇的历史文化被消磨殆尽，同质化现象日益严重，城镇空间环境形象平淡、雷同等诸多问题。新区开发建设从一开始就要避免出现这类问题。这方面，重庆两江新区就做得很好，他们在规划新区城镇化建设时，注意依托有六百年历史的龙兴古镇，注重历史性、文化性和体验性，真实还原老重庆建筑风貌和风俗，宣传独具特色的古镇文化、抗战文化，使广大游客不仅可以欣赏原汁原味的重庆特色建筑，品味重庆风土人情，还可以品尝到地道的重庆精美小吃，使文化资源保护与城镇化建设相得益彰，协调发展。这些经验值得福州新区学习借鉴。

启示之四：

要正确处理好文化传承保护与创新发展的关系。文化保护是基础，文化创新是动力。文化保护有利于文化的发展，而文化发展的实质就是实现文化创新。这方面，广州市具有比较独到做法。"波罗诞"庙会是珠三角地区最具影响力的民间庙会，有着千年的历史文化传统；南海神庙是古代官方祭祀南海神的地方，是岭南地区较有影响的祭祀习俗。广州市在加强"波罗诞"庙会、南海神庙保护整修基础上，以"海上丝绸之路"的历史文化资源为依托，以南海神庙为代表的民俗文化为核心，以"波罗诞"庙会为载体，整合利用广州丰富的群众文化及民间民俗文化资源，精心打造了广州民俗文化节暨黄埔"波罗诞"千年庙会这一民俗文化品牌，已经成为珠三角地区影响力最大的民俗节庆之一。在去年举办的第三届广州民俗文化节暨黄埔"波罗诞"千年庙会上，就吸引了来自广州本地、珠三角地区、港澳地区的65万游客，全面展示了广州民俗文化的魅力。福州新区开发建设，也应坚持文化保护传承与创新发展相结合，既要挖掘整理、传承弘扬闽都文化，做好文化资源的保护利用；又要不断创新，应用现代科技、传媒与文化创意打造文化发展新优势，使新区文化兼具深厚历史底蕴，又充满时代气息。

课题指导：

练知轩（福州市政府原市长、福州市人大常委会原主任、闽都文化研究会原会长，荣誉会长）

汪征鲁（福建师范大学原副校长、教授、博导，闽都文化研究会原副会长、学术委员会主任）

组　长：

徐启源（中共福州市委原常委、秘书长、统战部部长，闽都文化研究会会长）

副组长：

戴清泉（中共福州市委政研室主任）

林　山（福州市社科联原主席、闽都文化研究会副会长）

成　员：

黄文山（福建省作家协会副主席、《福建文学》原主编、《闽都文化》杂志执行主编、编审）

王阿忠（福州大学经贸系主任、教授）

戚信总（福州市政协文史委原主任）

李贵勇（中共福州市委政研室副调研员、调研一处处长）

王　坚（闽都文化研究院院长、闽都文化研究会学术委员会主任助理）

曾建梅（《闽都文化》编辑部主任）

王春燕（《闽都文化》编辑部编辑、《闽都文化》主编助理）

林　灵（闽都文化研究会学术部工作人员）

执　笔：

王　坚

鼓岭的文化深耕与弘扬

【摘要】鼓岭的文化是闽都文化的重要组成部分，本文通过梳理鼓岭文化的现状，探讨鼓岭文化的特征，试图找出鼓岭文化建设存在的问题，并给出建设性建议。

【关键词】鼓岭文化；特征；品牌；建议

鼓岭位于福州市东郊双鼓横断山脉的鼓岭旅游度假区，距市中心约12公里，地跨两区三镇（晋安区、马尾区、鼓山镇、宦溪镇、马尾镇），规划面积88.64平方公里，包含鼓岭核心区（云中避暑体验区）、鼓山片区（古刹摩崖观光区）、恩顶片区（品茗文化休闲区）、鹅鼻片区（绿色运动度假区）以及东部旅游休闲区（高山峡谷旅游区）五大片区。鼓岭区位条件优越，交通连接便捷，自然环境优美，是福州沿江向海的自然屏障；区域内历史文化底蕴深厚，近代东西方文化交融发展，也是福州的人文长廊。随着福州新区建设的扎实推进，深耕鼓岭文化，塑造时代品牌，对丰富闽都文化内容，重构城市文化生态，促进旅游产业发展，提升城市旅游品位具有重要意义。

今年以来，闽都文化研究会与市委政研室、市文投集团就如何推进鼓岭的文化深耕与弘扬，联合开展调研，通过实地考察、资料查询和专家论证等形式，总结现状特征，分析机遇挑战，提出意见建议。

一、鼓岭的文化发展现状与特征

文化由于其语意的丰富性，多年来一直是文化学者、人类学家、哲学家等研究的重点问题。《文化概念和定义的批判回顾》一书中，仅欧美对文化的定义就有160多种。著名人类学学者泰勒（Edward Burnett Tylor）将文化定义为"由作为社会成员的人所获得的，包括知识、信念、艺术、道德法则、法律、风俗以及其他能力和习惯的复杂整体"。"文化"最宽泛的意义，指特定民族的生活方式。这为我们理解鼓岭文化现状与特征奠定了理论基础。

（一）鼓岭的文化发展现状

鼓岭的文化是闽都文化的重要组成部分，历史悠久、资源丰富、遗迹众多，生动展示了闽都文化开放性、包容性的特征，具体体现为避暑文化、宗教文化、名人文化、石刻文化、茶文化和登山文化等形态，其诸多文化资源留存（详见附表1），是闽都文化遗产的重要载体。

近年来，在中共福州市委、市政府的高度重视和有力支持下，鼓岭积极创建国家级旅游度假区，大力实施基础设施建设，扎实推进历史建筑保护修复，全面落实景区规范管理，推动鼓岭文化繁荣，使之成为闽都文化跨江临海发展的大前哨、打通老城与新区文化流动的新通道，正着力成为展示福州近代东西文化交融的新亮点、推动中外友好交往的新载体。

一是新文化消费业态稳步成长。随着经济社会发展，鼓岭文化体系中与当下生活方式密切相关的登山健身文化、品茗文化等迅速兴盛，全国性体育健身和茶文化活动大量增加。

二是老文化形态破茧重生发展。李世甲别墅引进的阅读休闲体验和文化活动为主要内容的鼓岭·大梦书屋、春伦集团创办的茉莉花茶创意园、台湾青年开办的岚筑民宿等一系列契合文化时代需求的创新，使旧有的耕读文化以全新面貌重生，深受各方青睐。

三是融合性文化活动蓬勃兴起。"清新鼓岭·纳凉晚会"、中秋国际诗乐会、福州语歌曲专场演出以及夏令时节组织青年志愿者、文艺工作者开展的形式多样的娱乐活动，逐步形成鼓岭文化活动新常态。

四是鼓岭的文化发展空间正在打开。鼓岭的知名度在不同层面、不同场合都有了不同程度的提高。2015年，鼓岭旅游度假区荣获国家级生态旅游示范区称号。目前，大鼓岭五片区年接待游客上百万人次；鼓岭核心区年接待游客为85万人次，高峰期日接待游客超上万人次。

(二) 鼓岭的文化特征

文化作为人类认知世界和认知自身的符号系统。它是人类社会实践的一切成果，具有地域性、时代性、民族性、继承性和变异性等鲜明特征。具体分析，鼓岭文化特征如下：

1. 鼓岭的文化地域性特征，体现为耕读避暑

"五里不同风，十里不同俗"。人类在发展中，由于其特定地域条件的影响，经过漫长的演化，形成了独具特色的文化内涵。居住在不同自然条件的人们，在闲暇、交往时的生活的结构、范围和对象都会不同，以致形成带有强烈地域特点的文化形式。从这一角度，可以确认经过约7000万年发育形成的鼓岭片区，在地域特征上是闽都山水文化的典型代表，充分体现了闽都文化农耕悠远和宜夏休闲的生活方式。

一是农业遗存丰富。有碑为记，唐闽王王审知当年派人在鼓山生产贡茶，并将茶种和做茶技术传播到作为涌泉寺分院的武夷山天心寺。唐末时，鼓山半岩茶作为贡茶，名声一度超过了西湖龙井茶和苏州虎丘茶。明万历《福州府志》："茶，诸邑皆有，闽之方山、鼓山为最"。因产于半山，故又名"半岩茶"。至今，鼓山般若苑后山还有约60亩的老茶园。随着品茗文化的发扬光大，福州人还发明制作生产茉莉花茶。近年来，恩顶品茗文化休闲区形成规模，成为展示福州唯一入选全球重要农业文化遗产福州茉莉花种植与茶文化系统的重要窗口。每年举办春茶开采节等弘扬茶文化的活动。世界茶叶协会曾经在该地举办世界名茶——福州茉莉花茶命名大会、世界茶叶论坛等大型茶事活动。

二是环境避暑宜居。鼓岭夏季的气温平均为24摄氏度，比市区低5度左右，有两处世界级的植物模式标本原产地，2400多种被子植物，最具代表性的柳杉王树龄1300多年。清风、云雾、柳杉三大自然特色更是名闻海内外。近代外国人在鼓岭修建了大量别墅，吸引了大批洋人避暑度假，鼓岭成为福州中外交往的重要窗口，与之相伴而生的健身场所、舞会、万国公益社、鼓岭夏季邮局，以及古梅园，相怀梅园，正在开发建设中的牡丹园、玫瑰园等，都充分体现人们对宜居宜业现代文明生活环境的追求（详

见附表2、附表3）。

2.鼓岭的文化民族性特征，体现为佛教法脉传承

每个民族都有自己的文化传统，以区别于其他民族，并在特定的环境中，产生不同的生产、生活方式，形成不同的宗教信仰、艺术流派、风俗习惯。

鼓岭文化作为闽都文化中佛教宗脉的关键分支，历史源远流长、影响遍及海峡两岸，富有闽人先祖之遗风。建于唐末五代的涌泉寺是全国汉族地区佛教重点寺院，对台湾和东南亚佛教影响深远，是海内外来榕游客必到之处。曾经连任中国佛教协会七任会长的圆瑛法师就在鼓山涌泉寺出家、受戒。弘一法师也赞叹鼓山有着不可言传的佛家灵气。明末郑成功入台后鼓励大批汉民移垦，佛教也随之传入台湾。福州与台湾的地缘便利，促成了两地佛教的传播。由于台湾移民多来自福建、广东，两地道场最为信徒熟悉，其中尤以福州涌泉寺为最。闽都文化中的宗教文化，鼓山佛教与台湾佛教同根同祖、同宗同源。八闽首刹——涌泉寺是台湾四分之三佛教寺庙的法脉源头。经过多年培育，两岸佛教文化交流已形成"文化品牌"，影响深远。

3.鼓岭的文化时代性特征，体现为中外交融

人类文化进化的类型与层次的多样化是构成世界多样性的原因，也是文化交融发展的直接诱因。在不同的历史发展阶段，文化的内容和功能不同，可以划分出许多类型。鼓岭文化始终深刻镶嵌在闽都文化的大潮中，烙下了闽都发展深刻的时代印记。

福州是海上丝绸之路的主要始发地之一。近代仓山区是各国对华经济办事机构洋行、公馆所在地，大批洋人在仓山办公，在鼓岭度夏。鼓岭居民与洋人和谐相处、文化交融，演绎出中外人民之间的友谊与跨国乡愁，并成为连接不同国度人们友谊的纽带。由此引发的中美民间友好交往的跨国乡愁故事，一直持续到如今。2012年2月15日，时任国家副主席习近平访美期间，讲述了20年前发生在鼓岭的中美友好交往的故事，展示了"国之交在民相亲，民相亲在心相通"的历史与现实意义。2015年9月，习近

平总书记到访美国塔科马市，对塔科马市同福州市历久弥坚的友城关系深表高兴，进一步丰富了鼓岭文化的时代特点与内涵。

4.鼓岭的文化继承性特征，体现为史记留存

人类不仅继承物质遗产，也承袭传统的价值观念、思维习惯、情感模式和行为规范。经过潜移默化的内化过程，将其沉淀于显意识和潜意识底层，文化由此得以保存。鼓岭文化作为闽都文化的一部分，沿用闽都文化发展的历史轨迹，在不同的角度和层面的传承上都具有鲜明的闽都文化特色。

一是名人屐履纵横。鼓山牛头崖壁如刀削，地势险要，明嘉靖年间，抗倭名将戚继光带兵在此处修建牛头寨防御倭寇进犯。明万历年间，悟宗和尚开辟鼓山白云洞，随后又有谢肇淛、张蔚然分别著有《新开白云洞碑》和《游鼓山白云洞记》。明末著名的政治家、文学家、藏书家和爱国志士曹学佺的一生始终与佛教保持着密切的精神联系，在晚明著名禅僧中，曹学佺与福州鼓山涌泉寺的元来禅师、雪关禅师和元贤禅师的法缘最深。他用诗人的情趣和才情，开掘佛教较高层次的哲理，展示佛教更深邃的生命思想和智慧魅力。许多文人也来此避暑创作。清朝田园诗人魏杰修建梅里五贤祠并开发了鼓山十八景，留下了6首描写鼓岭的诗，成为有记载的第一位歌咏鼓岭的文人。1926年，五四时期著名作家庐隐也在鼓岭创作50多天，留下不少赞美鼓岭的散文。1936年，现代小说家、散文家郁达夫与友人上鼓岭享用农家的"清明酒"，对鼓岭充满眷恋之情。台湾著名诗人余光中曾经参加鼓岭的乡愁诗会。

二是摩崖石刻荟萃。福州多山，自唐代以来，不少仕宦游客在名山胜迹或山水之间的岩石上摩崖刻字，其中鼓山摩崖石刻形式多样、内容丰富，包含了诗歌、游记及公益广告等等，蕴含众多闽文化的元素，被誉为东南碑林。在鼓山现存的600多段摩崖石刻中，有宋刻89段、元刻11段、明刻31段、清刻173段、民国石刻105段、中华人民共和国成立后石刻20段、疑刻153段。南宋著名理学家朱熹写了"寿"字刻在喝水岩石壁上，直径达4米，是福建摩崖石刻中的经典之作。它们是书法艺术的宝库，是研

究历史人物、历史事件的实物资料，承载了物质与精神的双重意蕴，是一种重要的历史文化记录。2001年，鼓山摩崖石刻被国务院公布为全国重点文物保护单位。

5.鼓岭的文化变异性特征，体现为与时俱进

人类在继承文化成果的同时，必然在新的形势下开始新的文化创造，同时，文化的交流也以更快的速度推动文化变迁，为文化发展提供了丰富多样的资源。鼓岭文化作为闽都文化的一部分，与时俱进，不断衍生变异出接地气、大众化的新潮流。

一是登高健身风行。鼓岭片区历史上留下了千年鼓山古道及多处古驿道，丰富了重阳节登高的习俗。特别是时任福建省省长习近平响应民众诉求，现场办公，修建了两条装有路灯的登山道后，登高健身更成为市民在鼓岭区域的一项重要文体活动，每年惠及800万人次的休闲健身，并吸引了"徒步鼓岭，健康随行"、中国鼓岭首届山地自行车赛等全国性体育赛事的举办。习近平担任名誉会长的福建省登山协会，入选"践行社会主义核心价值观""福建十大最美面孔"，并被国家体育总局授牌"中国福建山地救援培训基地"，成为国内唯一一家民间山地救援培训基地。这些都极大地拓展了福州的登山文化。

二是熊猫品牌形成。由于优越的自然环境，良好的生态氛围，鼓岭正在建设完善我国东南沿海唯一的集科学研究、科普教育、旅游观光为一体的大熊猫移地保护园地。其以独特的科研驯化、大熊猫生殖生理研究、异种克隆大熊猫试验和配套的青少年科普教育设施而闻名中外，开创熊猫科研的多项世界第一。福州人工驯化会表演的熊猫"巴斯"为亚运会吉祥物"盼盼"的原型，并上过春节联欢晚会，还应邀到美国加拿大、澳大利亚、德国、日本等国进行表演，成为密切中外友好交往的使者。群众上鼓岭避暑休闲、观赏熊猫、了解文化，将逐步成为常态性的文化活动。

二、鼓岭的文化建设存在的问题

一是文化挖掘不深，支撑不够。鼓岭有很多历史文化遗产，没有系统

地征集、挖掘和考证，尚未形成相对完善可考的文化体系，文化开发利用的深度和广度不够。受制于市场、文化等因素，鼓岭现有的资源存量也未形成相关文化产品或旅游项目，鼓岭品牌没有充分利用，文化与旅游的挖掘仍在起步阶段，没有形成具有支撑作用的文化要素。

二是市场开发不足，水平偏低。鼓岭文化的市场化开发不够科学，366座老别墅景观特色不凸显，改造后功能不明确，展示内容单薄，多局限在纳凉休闲，精品项目进展缓慢。300多个名胜点、15处文保单位、数百方摩崖石刻尚未产生品牌产品，资源优势尚未转化为产业优势。缺乏有影响力的反季节文化娱乐等现代旅游产品的植入，仅主打避暑文化，难以吸引多样化的旅游群体。

三是发展缺乏品牌，宣传不足。尚未建立具有带动辐射效应的大项目支撑与常态化品牌，以鼓岭中外友好的真实故事为创作蓝本倾力制作的《啊！鼓岭》音乐剧在福建大戏院首演后全球巡演，虽反响强烈，但因场地、观众等因素影响，无法在鼓岭常态化落地。同时，对外宣传展示手段不足，效果有限。不少外地游客对鼓岭的认识模糊，来榕只游鼓山，不到鼓岭。

四是资源盘活受限，空间不足。由于历史原因，鼓岭地区大部分山地被划为基本农田或林地保护区，导致项目因无法及时供地而难以落地，或建设进度停滞不前。由于土地承包权与宅基地使用权难以有效流转，使鼓岭的资源盘活存在体制性障碍，无法引入市场经营主体等新鲜血液，一些民居长期闲置，大量民宿档次偏低，发展层次难以提升。

五是体制运行不畅，冲突明显。鼓岭旅游度假区管委会由晋安区实际管辖，且领导变动频繁，但许多项目建设由福州市水务集团、福州市缆化办、福州市交建集团、福州市消防支队、建工集团等业主单位承担，管委会协调督促推动力度有限。此外，由于鼓岭旅游度假区与鼓山风景名胜区重叠，与国务院批复的《鼓山风景名胜区总体规划》存在冲突，目前《鼓山风景名胜区总体规划》的修编还正在推进之中。

六是同类竞争激烈，不进则退。鼓岭与国内的莫干山、省内武夷山等在景观资源、硬件基础等方面情况相似、客户群体雷同。但在发展定位上，莫干山、武夷山等更为精准到位，规划科学，目标客户群体明确，形成了国际国内公认的度假品牌。鼓岭以创建国家级旅游区为抓手，尚处于探索推进中。此外，鼓岭的旅游市场规模和产业的培育也明显滞后多层面的消费需求。

三、鼓岭的文化深耕与弘扬面临的机遇

（一）国际层面

2012年2月15日中午，时任中华人民共和国副主席习近平在美国华盛顿访问时，向中美来宾生动讲述了一段20年前发生在鼓岭的中美民间友好交往的佳话。去年，习近平主席在"中美友城"上的对话，产生巨大的外交影响力，拓展了鼓岭国际化发展的新视野，创造了鼓岭空前的发展机遇。

（二）国家层面

中共福州在国家级新区、自由贸易试验区、"海丝"战略枢纽城市、生态文明试验区等"多区叠加"的重大战略机遇下，鼓岭所在地的晋安区又是国家生态区，发展机遇千载难逢。

（三）官方层面

福州市委、市政府高度重视鼓岭发展，专门为此做出一系列决策部署，投入大量的人力物力财力，基础设施、旅游环境、综合配套等进一步完善，文化氛围逐渐浓厚，知名度有效提升，为新一轮发展奠定坚实基础。

（四）民间层面

由于各界人士的大力支持，特别是在闽都文化研究会的推动下，鼓岭史料的收集、整理和挖掘不断深入，鼓岭的文化与生活方式得以有效传承发扬，逐渐成为本地市民和外地游客热选的旅游和度假景区。此外，带薪休假的逐步落实，正在培育着新的消费群体。

综上所述，在习近平总书记进一步强调增强文化自信，弘扬传统优秀文化的大背景下，随着"一带一路"倡议的实施，福建国家生态试验区的

建设，位于福州新区与老城区结合部与中心支点的鼓岭区域生态优势突出，文化积淀深厚，既有千年佛脉传承的精华汇集处，又是东西方文化百年交汇的结合点，必将迎来新一轮大发展的良好机遇。我们必须紧紧把握机遇，立足国际视野，加大挖掘深耕利用鼓岭的文化资源，加快文化旅游融合发展，打造大鼓岭文化品牌。这不但是区域经济社会发展中的重要工作，更符合时代发展需求和生态文明试验区建设的发展趋势，具有重要的现实意义。

四、鼓岭的文化深耕与弘扬的建议

旅游是实现文化教化功能与娱乐功能的载体，是挖掘文化、优化文化、丰富文化、保护文化、分享文化的重要途径。只有把文化与旅游紧密结合起来，旅游产品才更具有生命力。深耕与弘扬鼓岭的文化，旨在提高鼓岭旅游产品的吸引力和竞争力。因此，鼓岭旅游的各要素要充分反映和体现策划、规划、开发者对文化的挖掘、理解和应用。基于对鼓岭的文化自信和自觉，我们建议：

（一）深耕鼓岭文化，展示丰富内涵

加大挖掘整理力度，有效汇总各方资源，充分反映和体现对文化内涵的开发、应用，切实策划、规划一系列符合文化发展趋势的活动与品牌，重点深入挖掘鼓岭核心区的文化资源。

一是加快文化深挖。近代鼓岭核心区与仓山领事馆区内在联系密切，文化源流相同，发展线性重叠。对内，建议组织地方文史专家，收集、整理、研究两地彼此相关的历史文化、人物活动、中外故事等资料，丰富鼓岭文化的内容。对外，建议依托西方传教士毕腓力1907年出版的《鼓岭（KULIANG）》一书所列的80多位洋人为主体，由市外办牵头，向曾在福州设立领事馆的有关国家征集当事人在福州活动的史料（包括文章和照片），深度挖掘鼓岭文化的内涵和特色，系统整合近代鼓岭文化发展脉络。

二是全面宣传推广。照相技术作为近代文明的产物，由洋人带到了福州，为近代福州留下了不少身影。充分运用微博、微信等新媒体技术征集、推广有关鼓岭的老照片画册，加大3D、VR等多媒体展示开发，还原鼓岭文化场景。在鼓岭开辟常态性的大型展示窗口或文化长廊，让老照片画册与各种史料相互印证，用最直观的方式向大众传播百多年前福州对外交往的历史，突出展现福州在近代发展中的独特地位，丰富鼓岭文化的立体感。

三是丰富文创展示。积极邀请文化艺术界人士到鼓岭采风、创作和演出，创作一批具有鼓岭情怀、体现鼓岭风情的文艺作品，提升鼓岭文化的吸引力。在服务好现有暂居鼓岭的艺术家的基础上，学习借鉴北京、杭州等地做法，着力打造艺术家小镇或者艺术家院落，建设常年性摄影、绘画、文学创作基地，使艺术家在鼓岭一线推动文化创新、艺术展示等，补齐反季节文化项目缺乏的短板。要利用现有资源，通过场地免租、对接合作等方式，规划一些艺术展出场所和高端配套设施，定期举办具有历史意义、文化和科学价值的综合展览，提升文化品位。要造文化境，努力创造条件，建设剧场、演艺厅等配套，把《啊！鼓岭》音乐剧打造成定期演出的文化精品，加大东西方文化专题策展活动及相关文艺配套，积极打造大鼓岭文化的常态性旅游项目。有效发挥艺术互动作用，推动漆艺术、软木画等传统艺术在大鼓岭区域开设分馆或常展，择机在鼓山片区与鼓岭核心区之间建设"中国赋文化馆""中国寿山石文化馆"等。

(二) 加强规划引领，注重盘活资源

要根据不同的旅游消费群体，针对审美、求新、求知、求乐、怀旧等心理需求，制定鼓岭文化开发的规划，培育具有深厚传统文化底蕴和区域特色的项目。

一是统筹研究出台鼓岭文化发展规划。结合五大片区不同的文化特色与历史源流，进一步明确五大片区文化发展重点和方向，形成系统科学、特色鲜明、互为补充的文化体系，力求五大片区能各自走出专、精、尖的特色文化发展道路，形成互为补充的大文化形态，进一步提升品牌价值。

二是加快留存资源的修复和利用。严格按照文物景观修旧如旧的原则，全面规划启动鼓岭核心区老街和366栋历史建筑的改造和装饰，提升改造扩展现有鼓岭美食街,将其打造成具有西洋及本土风味特色的美食文化一条街,从视觉感官上复活百年前历史风貌,从街区布局上还原鼓岭特定时期的生活场景,从区域文化上再现东西方文化交融,展示中外民间交往的故事,发挥鼓岭核心区对周边片区的辐射带动作用,在福州对外交流交往中发挥前哨和先行作用,力争实现境外游客来榕必到鼓岭。统筹闲置资源,学习借鉴浙江德清县做法,探索由村集体收购盘活、统一管理等运作模式,引导各行政村整合盘活古村落、旧厂房、旧校舍等闲置资产,推进旧房改建民宿。加快对南洋村双贵顶、嘉湖郭氏老宅、古村落的抢救性保护。要充分挖掘培育鼓岭及福州特色的饮食文化、伴手礼产品,对售卖鼓岭土特产、伴手礼等商家予以鼓励奖励措施。

三是展示鼓山宗教文化和石刻文化。发挥鼓山涌泉寺祖庭不可替代的天然向心力,打造与中国台湾地区及日本、东南亚国家佛教徒和榕籍信教乡亲的常态性联谊平台。继续深化鼓山佛教与台湾佛教的关系,充分利用相怀梅园的两岸故事以及民国总统对修建涌泉寺的捐资遗迹,进一步密切榕台的民间交往,增进台湾佛教徒对"一个中国"的认同。依托涌泉寺等佛教重点寺院,有效开展礼佛清修等系列项目培育,引领宗教与社会主义社会相适应。用好600多方摩崖石刻、各级重点文物保护单位、寿山石雕等资源,策划生成具备一定吸引力的文化赏游项目并开发相关纪念品及文创产品。

四是做大做强鼓岭茶文化产业。近代福州的对外开放与茶叶密切相关,多数洋人为茶叶而到仓山,鼓岭因适合避暑而吸引洋人。利用鼓山岩茶与大红袍的深厚渊源和福州茉莉花茶作为全球重要农业文化遗产的有利条件,依托恩顶片区业已形成的春伦、满堂香、九峰茶产业规模和影响力,积极建设鼓山茶产业集群,打造集茶叶采摘、体验、养生、推广及茶文化普及为一体的景观,展示福州茉莉花茶的前世今生。继续申办世界茶文化论坛,宣传我国重要农业文化遗产——福州茉莉花茶的文化魅力,宣传福州作为历史上东方茶港的成就,提升鼓岭茶文化的影响力。

五是强化现有项目文化培育。加快推进鼓岭玫瑰园、富之卿四季牡丹园等项目，迁建狮山大型盆景园，丰富鼓岭区域生态文化景观，尽快形成系统完善、四季花香的生态景观体系。推进大熊猫繁育避暑基地建设，进一步完善科普、旅游观光等功能，做足福州熊猫文化品牌。利用鼓岭天然氧吧的优势，引进中医保健项目。利用磨溪峡谷溪流、草甸等天然资源，结合古磨坊、知青点等文化资源，打造森林观光、露营休闲等活动。

六是繁荣鼓岭夜生活文化。利用鼓岭空气洁净度高和福州天文学家多的人文优势，引进集科普教育、天文观测为一体的项目落户鼓岭。利用现代灯光技术，回放福州战备时期探照灯景观，作为国防教育的一项内容，建设七夕民俗景观及大型野外夜景，吸引夜生活丰富的年轻人消费群体。开发建设萤火虫观赏项目，丰富亲子活动内容。

（三）加强文化渗透，完善旅游功能

旅游是文化发展的重要依托，只有把文化与旅游紧密结合起来，才能相得益彰，使文化更具生命力。旅游文化以行、吃、住、游、购、娱六大要素为依托，以旅游主体、旅游客体、旅游中介间的相互关系为基础，始终作用于旅游活动整个过程之中，形成了文化传承延续与旅游产业同步发展的循环。

一是突出载体依托。建议与贵安、桂湖联动，加快在鼓岭引进温泉、人工降雪等项目，培育具有鼓岭特色的温泉旅游文化。以世茂云岭等一些旅游项目带动恩顶片区高品位、大体量的旅游项目建设，推进港中旅、途家露营等大型旅游项目尽快在鹅鼻片区落地发展。突出鼓岭休闲度假的特色，重点面向海南、浙江等地的优秀企业开展针对性招商，积极引入安曼、艾美等顶级度假品牌，进一步完善星级酒店、高级度假酒店等旅游综合配套，加大优质床位供应，提升鼓岭住宿服务水平，增加旅客在鼓岭旅游的舒适度。

二是健全完善服务业态。围绕"主题集中、内容多元"的目标，将徒步、骑行、探险、攀岩、定向越野、素质拓展等项目融入景区整体规划，加快在鹅鼻片区、东部旅游休闲区等发展登高、健身、养生系列产品，加快建设鼓岭户外运动体验中心、慢生活示范区、骑行专用道等一批特征鲜明的旅游配套项目。以位于鼓山山麓的中国福建山地救援培训基地为依托，建设山地救援的科普教育基地和登山历史博物馆。加快在恩顶片区延伸发展生态采摘、家庭赏玩、品茗休闲等服务业态，推动茶文化转化为有品位、有格调的生产力。借鉴莫干山做法，加快在东部旅游区传统村落保护的步伐，拓展乡村旅游，完善生态配套。

三是推动文化渗透旅游。由鼓岭管委会和旅游局、交通局等部门，根据大鼓岭的功能定位，规划特色专题旅游项目和多样化行程安排，强化鼓岭特色文化场景植入，进一步丰富鼓岭文化旅游内容和形式，增强对游客吸引力。加强区域交通配套的文化渗透，利用古驿道、山间小路有机串联各分布景区，强化道路沿途文化景观布置与文化氛围营造；增设市区五一广场、火车南站等主要景点、公共场所与鼓岭的衔接线路，尽快开通火车站—柳杉王公园—云上鼓岭等地的旅游直通车，满足各类消费群体的需求。加强旅游行业管理和鼓岭文化培训，完善行业自律，推广特质鲜明、系统完善的鼓岭文化口号、宣传词、讲解词，增厚文化分量，形成具有吸引力的文化氛围。突出人的带动作用，在加快引入文艺爱好者等各类热爱鼓岭、技有所长的经营者的基础上，有必要培养和提高服务人员的文化素质，不断提高现有鼓岭人家等餐饮、客房、娱乐等环节的文化品位，提供有情调的个性文化服务。

(四) 增强文化自信，引领风气之先

在建党95周年庆祝大会的重要讲话中，习近平总书记强调"文化自信，是更基础、更广泛、更深厚的自信"。文化自信成为继道路自信、理论自信和制度自信之后，中国特色社会主义的"第四个自信"。鼓岭文化源远流长，我们要通过完善人文交流机制，创新人文交流方式，综合运用大众传播、群体传播、人际传播等多种方式展示鼓岭的文化魅力。

一是打造对外交流的重要基地。2015年，国家对外文化交流基地在鼓岭挂牌，是鼓岭文化史上的一件大事。要充分应用中美友城和其他友城的关系，利用鼓岭的跨国乡愁故事，打造福州与各国人民友好交往的国际性文化交流品牌，让超越国度的友谊，增添鼓岭文化的精神内涵与表现形式。要抓住海丝之路的发展机遇，定期或不定期举办面向海丝沿线国家和地区的国际友城鼓岭论坛，提升鼓岭文化的知名度。要发挥鼓岭中西合璧文化的特点和优势，打造新的文化品牌，开展如草莓音乐节、外国歌舞剧表演、外国民俗文化节等具有国际特征的文化艺术活动，丰富鼓岭文化国际化的内涵。

二是搭建高端活跃的思想交流平台。思想理论的创新是社会变革的先导，1984年9月的莫干山会议，成为一场影响中国命运的会议，它使中青年经济学家全面崛起，并成为老中青三代经济学者和企业家前来"朝圣"的地方。福州有开风气之先的光荣传统，建议以鼓岭做品牌，按照习近平总书记在哲学社会科学工作上的重要讲话精神，在以我为主、严把政治方向的前提下，立足精英群体和理性思考，精选话题，定期举办各类论坛，在思想交流和碰撞中，培育既有国际视野又具民族精神的闽都思想智库，为新时期的改革开放提供精神动力的支持，展示闽都文化开世纪新风的时代风采。

三是建设榕籍乡亲乡愁家园。由鼓岭引发的无国界乡愁，成为中外民间友谊的见证。要针对300多万榕籍乡亲广布世界的情况，开拓乡愁文化旅游，举办元宵、中秋、重阳乡愁吟诵会。定期举行以寄托乡愁、回放乡音、展示乡影、迷情乡恋、凝聚乡谊、联络乡亲、共话乡情等系列思乡文化活动，策划实施抒发乡愁情怀的文艺作品、艺术展览等等。在鼓岭建设台胞、侨胞文化交流中心，举办台胞青少年夏令营。积极争取世界福州十邑同乡大会等大型侨团会议、活动在鼓岭举办，把鼓岭培育成为海外乡亲心目中的精神家园。建议在鼓岭新辟抒发和守望乡愁的双语碑林，以延伸摩崖石刻文化的内容。

课题指导：

练知轩（福州市政府原市长、福州市人大常委会原主任、闽都文化研究会原会长，荣誉会长）

卢美松(福建省文史馆原馆长、闽都文化研究会首席顾问)

组　长：

徐启源(福州市原常委、秘书长、统战部部长,闽都文化研究会会长)

副组长：

戴清泉(中共福州市委政研室主任)

连国平(福州市人大财经委原副主任、闽都文化研究会副会长)

林敬金(福州市文投集团董事长、党委书记)

成　员：

黄文山(福建省作家协会副主席、《福建文学》原主编、《闽都文化》杂志执行主编、编审)

戚信总(福州市政协文史委原主任)

金昌钦(鼓岭旅游度假区管委会主任)

周耿忼(中共福州市委政研室调研二处副处长)

林　啸(福州市文投集团副总经理)

郑其彩(鼓岭保护开发有限责任公司总经理)

方　薇(闽都文化研究会学术部工作人员)

执　笔：

戚信总　周耿忼

附表1：

鼓岭区域文化资源

序号	资源名称	资源类别	现存状况	当前进度	所在区域
1	古井	文化资源	外直径为0.72米，高度为0.6米，正面铭文"外国本地公众水井"。	已开放	鼓岭邮局旁
2	万国公益社	文化资源	占地376平方米，面阔24.3米，进深17.6米。由门廊、舞厅、办公室、化妆室、地下室等组成，是外国人举办茶会、宴会、讲演及舞会等各种活动的社交场所。	已开放	鼓岭避暑核心片区
3	百年游泳池	文化资源	面积205.8平方米，长18.5米，宽10.2米；分为浅水区和深水区，池底部为斜坡状，深处达1.95米。	已开放	鼓岭避暑核心片区
4	鼓岭老街	文化资源	街长约百米，清末至民国初期，鼓岭成了闻名海内外的避暑胜地，鼓岭商业街便应运而生，且十分繁华。1933年《鼓山便览》载："夏间岭上商店林立，百物俱备"。	已开放（对外招商）	鼓岭避暑核心片区
5	鼓岭教堂	文化资源	占地面积500平方米，建筑面积2630平方米，可容纳500多人。2002年动工改、扩建，2006年7月完工，系哥特式风格建筑。现由鼓岭教会负责管理。	仅礼拜活动日开放	宜夏村后浦楼
6	加德纳纪念馆	文化资源	面积约100平方米，以加德纳鼓岭故事为主线，展示中美友谊故事为主要内容。2012年重修，现由鼓岭管委会负责维修管理经营。	已开放	鼓岭避暑核心片区
7	映月湖公园	文化资源	面积10亩有余，内有两个人工湖，大者似葫芦状，其腰间有一座跨池拱桥。因月夜湖景甚美，恰如谢灵运诗句"亭亭晓月影映，泠泠朝露滴"之意境，故得名。	已开放	鼓岭避暑核心片区

8	牛头寨	文化资源	建于明嘉靖四十二年（1563），其地势险要，依山势筑有石墙，是当时福州府十大旱寨之一。历代有戚继光、蒋光鼐、蔡廷锴等率部在此构筑工事抵御来犯之敌。内有石阶古道，系古时官道，为古时福州与外界交通的必经之路。因寨顶有一自然重叠石块，貌似牛头仰视东海，故得名。	已开放	鼓岭避暑核心片区
9	万国艺栈	文化资源	面积约200平方米，由艺术家黄腾投资经营。打造成集油画艺术展览、艺术创作、小型音乐会等各类文化活动为一体的艺术餐吧。	已开放	鼓岭避暑核心片区
10	柳杉古泉	文化资源	柳杉古泉开凿于北宋景祐二年（1035），泉水甘甜，终年不竭。后人用石条围成方井，出水口套上石雕龙头，犹如石龙吐水，更增妙趣，得名"龙泉井"。	已开放	鼓岭柳杉王公园内

附表2：

鼓岭区域现有近代建筑

序号	名称	资源类别	现存状况	当前进度	所在区域
1	鼓岭邮局	近代建筑	面阔三间11米，进深13米	已开放	鼓岭老街
2	宜夏别墅	近代建筑	面积390平方米	已开放	鼓岭卫生院附近
3	古堡别墅	近代建筑	面积282平方米	已开放	鼓岭百年泳池附近
4	柏岭别墅	近代建筑	面积223平方米	未开放	公路边
5	傅家别墅	近代建筑	面积162.45平方米	未开放	柱里片区
6	和家别墅	近代建筑	面积231.62平方米	未开放	柱里土坑头
7	徐家别墅	近代建筑	面积251.2平方米	未开放	柱里片区
8	李毕丽别墅	近代建筑	面宽17米，进深12米。目前主体结构保存较为完整	未开放	梁厝村
9	恒会督别墅	近代建筑	面积200平方米	未开放	梁厝村
10	神益知别墅	近代建筑	面宽17.4米，进深14米。屋顶已被改为平面水泥结构，面前游廊也被拆除	未开放	位于三岔路以南
11	郑家别墅	近代建筑	面积100平方米	未开放	梁厝基督教堂前侧
12	禅臣别墅	近代建筑	面阔三间，宽11米，进深5.5米。房屋已部分毁坏，残存1000米院墙	未开放	梁厝村

13	李世甲别墅	近代建筑	面积279平方米	已开放	柳杉王公园游步道旁
14	古岭基督教堂	近代建筑	占地面积500平方，2006年7月完工	已开放	位于公路埔楼段路边
15	百年游泳池	近代建筑	面积205.8平方米	已开放	柳杉王公园游步道旁
16	古井	近代建筑	外直径为0.72米，高度为0.6米，正面铭文"外国本地公众水井"	已开放	鼓岭避暑核心片区（鼓岭邮局旁）

附表3：

鼓岭区域生态景观

序号	资源名称	资源类别	现存状况	当前进度	所在区域
1	春伦茶园	生态景观	面积800亩（533333.3平方米），由福建春伦茶业集团有限公司投资建设。	已开放	恩顶片区（晋安区宦溪镇南口工业园区）
2	快乐园	生态景观	面积450亩，由台商吴文兴投资建设。	已开放	鹅鼻片区（晋安区宦溪镇鹅鼻村）
3	鸳鸯谷	生态景观	面积300亩，由福建经典旅游有限公司投资建设。	已开放	鼓岭避暑核心片区
4	鼓岭梅园	生态景观	面积300亩（一期），由福州鼓岭梅花生态旅游有限公司投资建设。	已开放	鼓岭片区（晋安区宦溪镇宜夏村）
5	牡丹园	生态景观	面积540亩，由福建富之卿鼓岭园林发展有限公司投资1.2亿元建设。	已开放	鼓岭片区（鼓岭螃蟹岭）
6	千年柳杉王	生态景观	高约30米，树冠直径25米，树围8.6米，树龄1300多年，双干并生，人称"夫妻树""情侣树""帝后树"。现由鼓岭管委会负责保护管理。	已开放	鼓岭避暑核心片区（柳杉王公园内）

二、2017年调研课题

发挥闽都文化作用,服务滨海新城开发建设

——基于"五区叠加"背景下的闽都文化研究

【摘要】滨海新城是福州城市发展的主攻方向、福州新区的核心引擎、未来福州城市建设的样板,对于发挥"五区叠加"政策优势,实现福州跨越发展具有重要意义。闽都文化是滨海新城开发建设的灵魂,是滨海新城软实力和竞争力的重要体现,滨海新城文化所具有的坚贞不屈、敢闯敢拼、兴教重智、普济众生、开先包容的精神特质,是推动滨海新城建设的文化支撑和重要动力。建议从提炼"滨海新城精神"、加强滨海新城的闽都文化资源的挖掘弘扬、突出"海丝"特色打造文化名片、推动文化产业融合发展、以"人才高地"打造"创新高峰"等方面进一步发挥闽都文化作用,推动滨海新城开发建设。

【关键词】滨海新城;闽都文化;作用;建设

福州是21世纪海上丝绸之路战略支点城市,也是"一带一路"互联互通的重要门户枢纽。党的十八大以来,福州相继获得国家级福州新区、海丝核心区、福建自贸试验区福州片区、国家级生态文明试验区、国家自主创新示范区福州片区等"五区叠加"政策,这对于福州进一步发挥政策优势,更好地落实"一带一路"倡议,推动两岸经济文化交流合作,建设"机制活、产业优、百姓富、生态美"的新福州,具有重要的推动作用。结合当前中共福州市委、市政府中心工作,课题组就"五区叠加"背景下更好地发挥闽都文化作用、服务滨海新城建设开展调研,形成报告如下。

一、滨海新城建设的战略背景及文化需求

滨海新城作为中心城区的副中心，位于长乐沿海地区，首石山、董奉山、南阳山三山环抱，面积188平方公里，北含国际航空港，南接松下港，面向东海，规划人口130万，其中核心区面积86平方公里。建设滨海新城是福州城市发展战略的重大实践。习近平总书记在福州工作时描绘了将福州建设成为现代化国际城市的宏伟蓝图，确定了福州城市"东进南下"的发展方向，明确了"江海兴则福州兴"的发展路径。滨海新城是福州"东进南下"的主战场，是福州实现从"三山两塔一条江"的滨江城市，向"七山两江一面海"的滨江滨海城市战略性跨越的重要举措。建设滨海新城是发挥"五区叠加"战略优势的重大举措。近年来，中央十分支持福建、福州发展，赋予了福州"五区叠加"的政策优势，为福州新一轮发展打开了"机会窗口"。滨海新城既是推动福州新区开发建设的重要抓手和发展引擎，也是落实"五区叠加"战略优势的试验田和示范区。当前，福州发展机遇与挑战并存。一方面，历史文化名城保护和老城提升压力大，市区发展空间不足；另一方面，福州地区生产总量突破了6000亿元，人均GDP突破1.2万美元，达到中等发达国家水平，具备跨越发展实力。建设滨海新城，有利于突破城市发展瓶颈，拉开城市框架，疏解老城压力，拓展发展空间，推动对台客运、文化、旅游等产业合作，提升福州省会中心城市地位，具有重大意义。因此，滨海新城是福州城市发展的主攻方向、福州新区的核心引擎、未来城市建设的样板。

2014年，习近平总书记在北京考察工作时强调，历史文化是城市的灵魂。城市文化是城市发展的重要标志和内在动力。充分发挥文化对城市发展的带动作用，已经成为一个城市快速发展的主要因素。只有文化内涵丰富、发展潜力强大的城市才是魅力无穷、活力无限的城市，从这个意义上说，文化建设最终决定城市的历史地位。因此，要把滨海新城打造成富有地域文化特色的新城市，使滨海新城具有更强劲的持续发展动力。

二、闽都文化在滨海新城开发建设中具有重要的作用

习近平总书记指出，中华优秀传统文化是我们最深厚的文化软实力，也是中国特色社会主义植根的文化沃土。闽都文化伴随着福州城市的发展不断丰富积淀，同时又对福州的发展史产生了巨大的引领作用。闽都文化继承了中原传统文化的核心内容，又吸收近代西方科学文化知识，经过长期的历史积累而形成的区域文化，既继承了儒家文化的精髓，有着强烈的民族忧患意识和历史使命感；又具有海洋文化的特征，有着强烈的博大兼容、开拓进取精神。这种兼收并蓄的文化品性，使得福州人既守望传统，又锐意创新。从王审知"做开门节度使"，到叶向高与艾儒"三山论学"；从林则徐"开眼看世界"，到沈葆桢"至九译之新法"；从张亨嘉训诫学子"为国求学，努力自爱"，到严复掌教"广纳众流，以成其大"；从林觉民的"为天下人谋永福"，到谢冰心的"有爱就有了一切"，闽都先贤以开阔的眼界和博大的胸怀，融合多元文化，造福社会大众，福州由此成为人才荟萃、文化辐辏的首善之区。闽都文化是福州软实力的重要体现。因此，滨海新城的开发建设需要用闽都文化的优秀品质来引领推动。

（一）闽都文化是滨海新城开发建设的灵魂

文化是现代化建设的根基，不仅成为城市发展的重要组成部分，而且成为影响城市竞争力的核心要素，对城市的开发建设产生极大的凝聚激励和导向辐射作用。如果说经济体现着现代城市的力量，那么文化则促进了城市发展。文化的繁荣是城市的魅力之所在，深厚的文化积淀才能使城市充满发展后劲。闽都文化深厚的积淀，丰富的内涵，是滨海新城开发建设的灵魂。特别是闽都文化所具有的"开先、包容"精神特质和海纳百川的胸襟，可以产生一种巨大的向心力和亲和力，激发荣誉感和自豪感，是推动滨海新城开发建设的重要支撑。

（二）闽都文化是滨海新城软实力和竞争力的重要体现

滨海新城虽然是个新城，但它传承了闽都文化，具有闽都文化的历史文脉，有着与闽都文化共同的精神实质。滨海新城文化历史悠久、底蕴

深厚、内涵丰富,加强文化的挖掘弘扬、充分发挥文化在滨海新城开发建设中的作用,对于保持滨海新城发展的活力,提升滨海新城的形象,彰显滨海新城文化自信,激发滨海新城创造力,增强可持续发展动力具有重要意义。

(三)闽都文化是滨海新城落实"五区叠加"政策优势的重要纽带

"五区叠加"是福州新时期实现跨越发展的重大机遇和重要条件,这"五区"体现着闽都文化的深厚底蕴。如福州新区所具有的民主与科学思想的船政文化精神,海丝核心区所具有的开放包容思想,自贸试验区福州片区所具有的"马上就办、真抓实干"精神,国家级生态文明试验区所体现的绿色和谐理念,国家自主创新示范区福州片区所体现的敢为人先的特征,无不凝聚着闽都文化的深刻智慧,闪耀着闽都文化的思想光辉。滨海新城作为贯彻落实"五区叠加"政策的试验田和示范区,更要以闽都文化为引领,自觉贯彻到各项工作中去。

三、滨海新城的文化特质

滨海新城靠山临海,东濒东海,西毗闽侯,南邻福清,北临闽江,区位显要。区域内的文化历史悠久、底蕴深厚,英才辈出,自古享有"海滨邹鲁"美誉,孕育出众多杰出人物,是杏林始祖董奉、百丈清规创立者怀海禅师和郑振铎、冰心等众多古今名人的故乡。作为明代郑和七下西洋庞大舟师的驻泊基地和开洋起点,滨海地区成就了人类首次大规模远洋航行的丰功伟业。滨海地区是闻名中外的侨乡和"海员之乡",有海外乡亲40万人。广大海外乡亲心系祖国,热爱家乡,积极为家乡发展贡献力量,是福州新区(包括滨海新城)开发建设独具特色的重要力量。滨海地区文化既有闽都文化的共性,又有着自己独特的个性特征,概括起来具有以下五点。

(一)坚贞不屈的爱国精神

伴海而生的滨海地区人民,在与惊涛骇浪的搏斗中养成坚贞不屈的性格,他们笃实继承中华优秀传统文化,具有强烈的民族忧患意识和历史责任感，爱国爱乡，出了不少民族英雄。南宋状元陈文龙，积极抗元，因寡不敌众被俘，大义凛然，宁死不屈，绝食而死。南宋抗元将领杨梦斗，坚守扬州城外军事要地，屡次击败元军进攻；景炎元年（1276），扬州守将降元，致使杨梦斗兵败。杨梦斗率全家人及部将登舟，在扬子江凿舟自沉，壮烈殉国。明清之际，倭寇犯界，滨海地区居民奋起反抗，抵御外侮，保家卫国。抗日战争期间，滨海地区人民舍身报国，视死如归，奋起抗战，沉重打击了日本侵略者。

（二）敢闯敢拼的奋斗精神

滨海地区先民以海为田，善操舟楫，具有不怕困难，敢于拼搏的性格，形成了敢拼敢闯、勇为人先的奋斗精神。人们吃苦耐劳，积极进取。自古以来，滨海先民在与大海的斗争中，逐渐摸清大海的规律，懂得如何利用大海，走向世界。早在三国时期，滨海地区就开始与海外通贩，谋求发展。唐朝的王彦英携家远赴新罗（今朝鲜半岛），凭才干当上宰相，掌握国政。南宋的谢身卿远赴安南（越南），成为国王。元朝，滨海地区先民外迁海外，多以航运为业。明代郑和"七次下西洋"，开辟了海上丝绸之路，进一步促进滨海地区人民赴海外进行商业活动。改革开放以来，滨海地区人民秉持敢为人先的竞争精神，积极投资兴业，形成了纺织、钢铁、电子等产业集群，奠定了"中国纺织产业基地市"等基础，是全国"县域经济百强县"之一。

（三）兴教重智的崇文精神

滨海地区资源丰富，鱼米丰足，优越地理位置和丰饶的物产，使当地成为宜居之地。当地人在温饱之余，非常重视教育和文化，使得当地人才辈出，文化积淀深厚，被誉为"海滨邹鲁，文献名邦"，做出一番成就的本土名人以及在长乐留下功绩的名人层出不穷，如董奉、朱熹、黄榦、柯尚迁、陈文龙、陈振龙、郑和、冰心、郑振铎、郑公盾、高梦旦、陈怀皑、伍哲英等等。滨海地区人才辈出离不开崇文重教、尚智好学的传统。本地古代官方民间皆重视教育，不仅有官府创办的南山书院、凤岐书院、吴航书院，还有乡绅筹建的龙峰书院、福胜书院、蓝田书院，以及民众公办的和羹书院、鲤冈书院、义风书院等。浓厚的教育氛围，为培养人才、培育文化提供了坚实的土壤。滨海地区还是著名的闽剧之乡。许多闽剧界知名艺人都来自此地。郑奕奏被称为"福建梅兰芳"，位列闽剧"四大名旦"之首，得到毛主席的亲切接见。

（四）普济众生的大爱精神

滨海地区长期以来深受中原文化的浸润、陶冶，传统儒学氛围浓厚，深厚的文化积淀熔铸出"大爱开明"的人文内涵，有着普济众生的博爱奉献传统。后汉三国时代董奉（220-280），与南阳张机、谯郡华佗齐名，并称"建安三神医"。他医术高明，医德高尚，对所治愈病人只要求在其住宅周围种植杏树，日久郁然成林。其后，他收杏易谷，赈济贫穷，被尊称"杏林史祖"，祀为医神。万历二十一年（1593），陈振龙冒生命危险将番薯种蔓从吕宋（菲律宾）巧运回乡。翌年，其子陈经纶禀请福建巡抚金学曾教民普种甘薯，济救粮荒。一代文坛巨匠冰心先生，爱化春水，讴歌亲情、友爱，营造了一个真善美的理想境界，泽被世人。如今，一代又一代的旅居海外的华侨不忘桑梓，回乡捐资创办企业，修建文化中心、公园、学校、祠堂等公共设施，大爱蔚然成风。

（五）开先包容的开放精神

滨海地区濒海的独特位置，使当地民众素来有跋涉重洋、海外谋生的传统，遍布世界各地的海外华侨和港澳同胞众多。广阔的视野，练就了先民远大的抱负，培养了开放包容的思想，善融厚纳。春秋时期，吴王夫差在这里屯兵造船，来自各地的造船专家纷纷聚集此地，带来先进的造船技术，南北交融，极大促进了当地发展。郑和七次下西洋驻泊于太平港，大批滨海人跟随郑和远涉重洋，闯荡世界，开创了海上丝绸之路的宏伟篇章。当代滨海地区人民依然延续了出国谋生打拼的历史传统，将活动领域逐步扩大到全球各地。闽都文化亦随着商贸、文化交流活动和移民的足迹广为流播，这是滨海新城开发建设宝贵的社会声誉和精神传统。

可以说，滨海地区文化特质，造就了一批又一批在历史上具有重要影响力的名人，铸就了滨海地区成为改革开放的前沿阵地、滨海地区乃至长乐经济社会繁荣发展的坚实基础。这些特质,仍是当前和今后引领滨海新城建设的宝贵财富和动力源泉。

四、当前滨海新城文化建设中需要引起高度重视的问题

当前,全国各地的新区、新城建设方兴未艾。为此,我们在调研中结合国内其他新区的经验和教训,提出目前滨海新城文化建设中需要引起高度重视的四个问题。

(一) 文化精神和文化品牌的培育问题

许多地方在新城建设之初,更多的是强调产业发展、城市建设规划、招商引资等硬件建设,相对忽视了对新城的精神文化和品牌形象的培育,缺乏文化符号和文化氛围,影响了新城特色的彰显。滨海新城也要高度重视这个问题,在抓好硬件建设的同时,同步做好文化规划和文化品牌形象的培育,积极营造具有滨海新城特色的闽都文化氛围。

(二) 文化基础设施和文化景观建设问题

一个地区文化内涵是人们在长期实践活动中逐步形成的一种价值观念,一种习惯,一种氛围,一种看不见的潜移默化的东西。滨海新城是以高科技、现代服务业、文化创意产业为主,区内的企业与居民对生活质量有较高的要求,完备的休闲、社交、文化、娱乐等生活设施对其有很强的吸引力,这就决定了滨海新城要有相应健全的文化基础设施和文化内涵作保证。因此,需要对土地利用、建筑形式和体量(高度、占地范围、容积率、尺度、比例、质地、色彩、照明和风格等)的文化内涵进行规划、统筹建设,强化具有滨海新城文化象征的景观建设,建设一些能够体现滨海新城文化特征的标志性建筑。

(三) 外来文化与地方传统文化的融合问题

滨海新城的文化建设还处于涵养阶段,由于外来人口越来越多,加上本地原住民的地方文化比较浓厚,两者之间的文化差异,势必产生文化上的磨合,外来文化与传统地方文化无法有效交融,会导致城市文化特征不鲜明、不突出。

(四) 人才培育平台建设问题

高校是文化的重要场所，是城市先进文化的重要标志，也是高层次人才聚集的重要场所。目前各地都在强化与名牌高校的战略合作，推动高层次人才聚集。如深圳只用了五六年时间，引进了香港中文大学、中山大学、哈尔滨工业大学等众多名牌大学建立深圳校区，甩掉"文化沙漠"的帽子。成都今年与清华大学、北京大学分别签约，进行全方位的战略合作，正在规划成立清华大学成都校区和北京大学成都校区，以进一步聚集高端人才。滨海新城也应发挥生态和交通优势，尽早谋划知名高校布局，着力建设高层次人才聚集平台，为滨海新城开发建设提供强有力的人才支撑。

五、发挥闽都文化作用，推动滨海新城开发建设的建议

一种文化塑造一座城。闽都文化作为滨海新城建设的灵魂，是滨海新城软实力和竞争力的重要体现。要把发挥文化作用摆上滨海新城建设的议程，加强顶层设计，统筹兼顾，协调推进。具体建议如下：

(一) 加强滨海新城文化资源的挖掘弘扬，增强文化自信

一是成立文化研究机构，强化机制建设。针对当前滨海新城文化研究力量薄弱、文化资源整合乏力的问题，在新城管委会主导下成立滨海新城文化研究会，进一步整合文化研究力量，组织开展滨海新城的文化相关学术研究，深入挖掘整理滨海新城的文化资源。在科学保护的前提下合理开发利用，充分发挥滨海新城的文化资源在推进新城开发建设中的宣传、教育作用。二是积极开展滨海新城的文化精神和文化遗产的传播展示。通过新闻出版、广播电视、互联网等媒体对文化精神、文化遗产及其保护工作进行宣传，弘扬锐意创新、开放包容的精神，增强滨海新城市民的文化自信，提升高新区的文化品位，为提振干事创业精气神、推动滨海新城的开发建设提供强大正能量。三是传承闽都文化基因，激活特色文化资源，振兴闽剧传统演艺事业。要发挥滨海新城地区是著名的闽剧之乡的优势，实施闽剧振兴工程，设立闽剧保护与传承专项资金，加快剧本创作和剧

目生产，精心打磨精品剧目角逐全国大赛奖项，重整闽剧之乡风采。认真贯彻中宣部、教育部、财政部、文化和旅游部《关于戏曲进校园的实施意见》，编排一批闽剧经典曲目折子戏，通过到学校开展专场演出、组织学生到剧场观看、多媒体播放视频节目等方式，加强闽剧艺术普及宣传，培养深厚的民族文化基因。四是推动非物质文化的传承与嫁接。注重延续历史文脉，打造"龙舟夜赛""喝诗"等滨海地区独特的民俗节庆活动，展示民俗文化风采。

(二) 突出海丝特色开发海洋文化品牌，打造海丝文化名片

要着力提升滨海新城"海丝文化"影响力，打造特色文化名片，建设一座富有滨海风情的文化新城。一是打造一批具有闽都海洋特色、国家水准、有一定知名度和影响力的海洋舞台剧、海洋影视剧、海洋文学作品等精品力作。二是结合沙滩娱乐活动、大型海岛主题演出、实景演出、风情渔村参与式表演、海上娱乐活动、渔港秀等富有滨海地方特色的文化产品，建设一批艺术村落、创意庄园、创意渔村，以及集休闲、娱乐、体验为一体的生态园区。三是要以挖掘海丝文化、航海文化为重点，建设闽都非物质文化遗产博物馆、海洋科技展示馆、海洋文化博物馆，完善提升长乐海丝馆、郑和历史遗迹陈列馆，让民众接受海洋文化和海洋科普教育的熏陶。四是加强文化对外交流，重点开展与海丝沿线国家和地区的文化交流活动。抓住"21世纪海上合作委员会"永久会址及秘书处落在福州的机遇，申报、承办"一带一路"国际合作高峰论坛等重大活动，积极争取丝路国际电影节、海丝国际旅游节等活动落户滨海新城，不断提升知名度和影响力。

(三) 推动文化产业融合发展，赋予滨海新城发展新活力

要利用"文化+产业"模式，推动闽都文化更加自觉、主动地向滨海新城开发建设各领域的渗透。要按照滨海新城开发建设"产城融合"发展的原则，依托中国东南大数据产业园等产业基地，以新城开发建设带动文化产业发展，以文化建设促进新城繁荣发展。一是建设滨海海洋文化创意产业带。大力发展海洋文化科技、海洋音乐制作、海洋时尚设计、海洋广

告设计、海洋工艺美术品设计等海洋文化类创意企业，促进海洋文化创意产业向海洋渔业、海洋制造业和海洋服务业融合发展。二是拓展海洋会展业。学习宁波经验，举办"国家级"大型海洋节庆活动，如举办以纪念郑和下西洋为主要内容的"海上丝绸之路"节庆、亚洲渔业周等活动，展示福州海洋文化魅力，不断提高海洋会展的质量，提升海洋会展服务水平。三是借鉴泉州经验，运用数字技术，布局新兴媒介，提升产业开发创新力。实施数字内容创新发展工程，鼓励对艺术品、文物、非物质文化遗产等文化资源进行数字化转化和开发，实现优秀传统文化资源的创造性转化和创新性发展。借助数字媒体、3D、VR等新兴媒体技术手段，加快培育网络视听、动漫游戏、影视制作等文创新产业、新业态。依托龙头企业，全面开拓数字媒体协同工作平台，开发工业动漫形象、闽都文化及海丝题材作品。四是打造国际知名文化展示平台，发挥滨海新城交通便利、生态优美的优势，通过国际艺术家共同参与、引进当代文化艺术的展览机制，进行有关文化全球化与地域文化的沟通、探索、挖掘、合作，共同拓展新城建设的文化空间，提升滨海新城的影响力。五是创新供给模式，提升文化消费拉动力。积极探索"互联网+文化消费"模式，通过公益与商业相结合的方式开发推广应用集工艺美术、文化旅游、教育培训、字画文玩、休闲娱乐等文化消费为一体的"闽都文化惠民卡"，方便市民文化娱乐消费。要着眼于文化消费市场机制培育，举办系列文化消费季活动，进一步激发居民文化消费潜力。要加大公共文化供给，注重提高公共文化产品的供给效率，通过政府购买服务全面铺开公益性文艺演出，有效释放文化消费需求。六是创新文化营销模式，构建集书籍、礼品、音乐欣赏、电影、书画展览展销、花艺、时尚家居饰品等为一体的文化百货商场，创设一个尽可能满足顾客文化消费需求的综合体。七是延伸体育产业链，做大做强帆船等海上竞赛项目，吸引更多顶级国际赛事落地举办。

（四）发挥文化资源优势，推动文化旅游融合发展

滨海新城山海兼优，拥有良好的自然旅游资源。要在自然风景中注入更多的文化元素，用文化赋予自然景点灵魂与内涵。要以文化促进旅游发展，以旅游带动文化繁荣，除了自然景点与文化的契合，也可将文化资源转化为文化旅游产品。一是结合建设董奉山森林公园，以公园自然生态资源为依托，结合弘扬董奉医术精湛、医德高尚的精神，与福建中医药大学等中医药高等院校、医疗机构及企业合作，建立中医馆、养生体验馆，大力推动中医药、养生医疗与旅游产业快速融合发展，打造中医药文化养生旅游示范基地。二是大力拓展旅游合作。利用长乐撤市建区的契机，主动融入福州市区乃至闽东北旅游圈，统筹开发利用滨海地区内旅游资源，对接三坊七巷文化、船政文化、温泉文化、妈祖文化、畲族文化，以及青云山、九鲤湖、宁德世界地质公园等丰富的文化旅游景点，联合打造精品旅游线路，共同打造特色旅游品牌。三是以建设松下邮轮码头海上客运枢纽为契机，拓展两岸滨海文化旅游发展平台，完善旅游合作机制，共建环海峡滨海文化旅游圈，共推双向海洋文化旅游精品线路，共同打造"海峡文化旅游"品牌。四是大力发展休闲渔业。休闲渔业具有投入少、见效快，有利于提高经济效益、生态效益的特点。要充分利用现有渔港、渔船和设施，发挥渔民的专业技能，发展养殖垂钓、海上垂钓、潮间带采集、渔区生产体验、涉海食品加工、渔村休闲居住等休闲渔业，带动其他相关产业的发展。五是打造"中国邮轮旅游母港"。要利用福州成为"中国邮轮旅游发展实验区"定点松下港的契机，充分利用"国际邮轮入境外国旅游团15天免签证"的政策，设计"15天闽文化精品游"线路，吸引更多的国际游客来闽旅游。六是整合特色文化品牌，打造较高规格、较大规模、较高水平的闽都文化传承传播、对外交流的高端平台。学习借鉴贵州贵安新区举办"中国（贵州）国际民族民间文化旅游产品博览会"的方式，举办"闽都民俗和文化旅游产品博览会"，进一步挖掘优秀民间文化艺术人才和资源，丰富城市内涵，聚集人气，推动文化旅游转型升级。七是打造都市旅游夜生活商业圈。选择在热点文化、旅游、商贸聚集区培育晚间旅游消费市场。通过调整经营业态，充实餐饮、民俗表演、闽剧评话、风味食品等经营项目，将营业时间延长至夜间，营造具有浓郁闽都风情的夜生活氛围，形成具有鲜明闽都历史文化特征和多彩风格的晚间消费市场。

（五）强化人才培养，以"人才高地"打造"创新高峰"

一是进一步优化海外人才配套服务环境。学习上海浦东经验，推出提高海外人才通行和工作便利度的具体措施，如申请永久居留证便利、人才签证便利等。强化海外人才工作许可、永居推荐、身份认定和配套服务等职能，面向全球集聚一批业内权威的人才来滨海新城，领衔开展科创项目。二是改革人才落户政策，推行"先落户后就业"，进一步放宽落户限制，提高落户便利性，努力打造最开放包容和最具人性化的人才落户制度，鼓励青年人才来滨海新城创业就业。具有全日制大学本科及以上学历的青年人才，可以凭毕业证来滨海新城办理落户手续。对于在本市同一用人单位工作两年及以上的技能人才，可凭单位推荐、部门认定办理落户手续。切实让广大青年人才扎根滨海新城、融入滨海新城，乐于在滨海新城创业发展。三是打造文化名家平台。学习借鉴江苏宜兴、浙江台州经验，建立寿山石、福州漆艺等文化名家工作室，给予相应的资金扶持，鼓励文化名家到滨海新城开展文化创作，建设具有福州特色的文化产业创新平台，推动福州特色文化产业快速发展。四是加强与国内外名牌高校战略合作，强化高校布局。教育是一个地区文化发达与否的重要标志，已经成为区域竞争的重要因素。要借鉴成都、深圳等地经验，将建设质量高、规模适中、文化底蕴深厚、文理搭配合理的高校纳入滨海新城战略规划，借助高等教育促进滨海新城发展。要借鉴成都、深圳经验，利用滨海新城的生态环境优势，加强与北京大学、清华大学、厦门大学等名牌大学的战略合作，在滨海新城开办名牌大学滨海校区，努力形成教育的马太效应。着力整合教育资源，依托名牌大学开设滨海新城开发建设急需的数据服务、旅游等专业，加大各类人才的培育力度。注重拓展产学研战略合作，建立企业与高等院校、科研院所的技术研究开发合作机制，积极跟踪和掌握国际科技发展前沿，开展前瞻性研究开发，加快新技术新成果的开发应用，推动产业转型升级，增强发展活力。

课题指导：

练知轩（福州市政府原市长、福州市人大常委会原主任，闽都文化研究会荣誉会长）

组　长：

徐启源（中共福州市委原常委、福州秘书长、统战部部长，闽都文化研究会会长）

副组长：

陈伙金（闽江学院原副院长、闽都文化研究会副会长、秘书长）

戴清泉（中共福州市委政研室主任）

鲍　闽（福州市文联党组书记、副主席）

连国平（福州市人大财经委原副主任、闽都文化研究会副会长）

郑庆昌（福建农林大学软科学研究所所长、教授、博导，闽都文化智库专家）

成　员：

王阿忠（福州大学经济管理学院系主任、教授、硕导，闽都文化智库专家）

戚信总（福州市政协文史委原主任、福州闽都研究会学术二部主任）

李贵勇（中共福州市委政研室副主任）

王　坚（闽都文化研究院院长）

执　笔：

王　坚

闽都文化视域下的名镇名村保护与开发

【摘要】本文以深耕闽都文化为主线，旨在闽都文化研究会历年来对名街、名居、名人、名山及地方部分非遗研究的基础上，进一步挖掘凸显闽都文化在乡土中的内涵，充分利用独具特色的乡土文化资源禀赋，创造性转化和创新性发展福州历史文化名城建设的成果，探索既保留闽都文化传统特色，又体现与时俱进文化自觉的名镇名村保护开发新路子。

【关键词】闽都文化；名镇名村；深耕；特色

历史文化名镇名村是福州历史文化名城的重要组成部分，是活化传承闽都文化的重要载体，从中可见闽都文化渊远流长、海纳百川、开时代风气之先的深邃、包容与锐气。在"一带一路"倡议扎实推进、中央实施"中华优秀传统文化传承发展工程"之际，福州市进行"五区叠加"背景下的滨海新城大开发，文化软实力的支持不可或缺。福州的名镇名村文化积淀深厚，拥有大量海上丝绸之路的遗址遗产，是宝贵的历史文化和人文旅游资源，也是当前推进农业供给侧结构性改革、推动农业转型升级、优化农村经济结构的文化支撑，亟需挖掘、保护、整合、宣传营销。我们必须审时度势，把握机遇，与时俱进地推动福州历史文化名镇名村的保护与开发。

本课题以深耕闽都文化为主线，旨在闽都文化研究会历年来对名街、名居、名人、名山及地方部分非遗研究的基础上，通过对当下福州市名镇名村保护开发与闽都文化传承与弘扬、创新发展的现状及内在关联的深入调研，进一步挖掘凸显闽都文化在乡土中的内涵，并根据新时期新农村建设发展的趋势，充分利用独具特色的乡土文化资源禀赋，创造性转化和创新性发展福州历史文化名城建设的成果，探索既保留闽都文化传统特色，又体现与时俱进文化自觉的名镇名村保护开发新路子，为福州市传统村落和美丽乡村建设乃至实施乡村振兴战略中的文化建设提供具有前瞻、可操作的意见和建议，促进福州市历史文化名镇名村精神文明与文化旅游经济协调发展，更好地服务于"机制活、产业优、百姓富、生态美的新福州"的建设。

一、福州名镇名村的文化特色

五千年的中国文明史孕育出了不少风貌古朴、性格迥异的古村镇，它们点缀在中国广袤的土地上，灿若星辰。作为东南沿海的历史文化名城，福州在两千多年的历史文化沉积过程中，也形成了一些各具特色的古村镇。福州现有国家级名镇1个：永泰县嵩口镇，国家级名村1个：马尾区亭江镇闽安村，有省级历史文化名镇6个，省级历史文化名村14个。这批具有代表性的历史文化名镇名村，延续了具有不同特色的城乡历史文化，是福建多元文化发展的活化石。

（一）名镇名村反映了福州特殊的地域特色

福州地貌属典型的河口盆地，城区位于盆区中央，被群山峻岭所环抱。发源于武夷山脉的闽江，在水口镇流入福州境内，自西向东流经闽清、闽侯、市区、长乐，分别从长门水道和梅花水道注入东海。福州四围环山，一水中分，山水相融，互相辉映，构成了福州地区名镇名村优美的自然空间，更为这些历史悠久的名镇名村增添了无尽魅力。

我国许多地方的古村镇都位于地理位置偏远、交通不便的闭塞之地。而福州地区的古村镇却大部分依江傍海，地理条件优越，许多村镇都是当时的商贸中心。如福州城门的林浦村，村子附近的江面曾一度是当时福州水产品和木材交易集散地。

（二）名镇名村反映了福州不同于内地的特殊军事特色

福州是明清两朝海防的重点区域，明政府在福州沿海设立一批卫所、千户城，从北方迁徙军士驻扎福州。福州城的左、右、中三卫设置于明初，职责是防海备倭。卫所的官员士兵来自全国各地，他们是福州人口的重要组成部分。按明朝标准建制，每卫5600人，但明初卫所士兵人数远超标准配备，有的卫甚至达到万人。考虑到军家的存在及佐军余丁等，粗略估计军籍人口可达5万。根据明代兵制，卫所兵士入军籍，不得随意脱籍或迁流，这些军士后来便为军籍所困留在福州。这些卫所、千户城后来也逐渐发展成沿海古村镇，如马尾闽安镇、仓山螺州镇、长乐梅花镇、连江透堡镇、闽清坂东镇、城门镇林浦村、长乐琴江满族村、长乐三溪村、连江筱埕镇定海村、福清东关寨等。一些村镇姓氏复杂，就是这种封建军事政策的产物。

（三）名镇名村延续了福州文脉

宋以前福州进士很少，到宋代，福州科举事业开始步入鼎盛。福州地区"文儒之乡""文化之村"不在少数，如林浦文化史上出现了"七科八进士，三代五尚书"的辉煌。

螺洲自古重教育，建文庙以尚礼，创书院以崇文。螺洲人对文化教育的尊崇和重视，让这里走出一大批名人贤达，如清工部尚书陈若霖、末代帝师陈宝琛、末代状元王仁堪等，素有"帝师之乡"美誉。据统计，这里历史上共走出1位状元、27位进士、108位举人和11位武举人，仅店前陈姓一族，就出了21位进士、108位举人，其中更不乏父子四进士、兄弟六科甲的名臣高士。

南屿镇水西林村，村头建有一座"旗峰林公祠"。水西林氏家族从宋开宝八年（975）迁居此处，到九世祖林耕时就出过"父子八进士"，到明朝太守林春泽时，又达到鼎盛。林春泽活了104岁，号称"六朝大老"；当他百岁之时，万历皇帝下旨在水西村建"人瑞坊"。林春泽与林应亮、林如楚、林慎都是进士，故被誉为"父子孙孙世进士"。

嵩口是一座拥有近千年历史的古镇，人才辈出，仅月洲村历史上就出过1个状元、1个尚书、50个进士，演绎了"父子六人六进士、五子同朝、子孙三代十八条官带"的科举辉煌，诞生了南宋著名爱国主义词人张元干。

（四）福州名镇名村保存了一批独特的民俗文化

中华民俗龙舟都是白日竞渡，只有长乐三溪村是"龙舟夜渡"。三溪村众多的溪流培育了三溪独特的水上运动——夜渡龙舟。数百年来,每年端午节前后,三溪便有夜渡龙舟的活动。

琴江满族村"台阁"艺术。位于长乐的琴江满族村流传着满族特有的文艺形式——台阁表演。满族村的"台阁"艺术源于我国东北游牧民族逢节庆日所特有的一种民间群体性文娱形式,具有小型、流动的特点,不受舞台限制。"台阁"流传于琴江村有200多年历史,近三四十年濒临绝迹。近年,在满族几位老艺人和海外乡亲努力支持下,传统"台阁"开始复苏。

闽清坂东镇为闽清交通枢纽中心。自古以来,坂东镇就有"十八坂"习俗。据史料记载,十八坂"在六都,每年正月十八日设一墟场,各乡之人多购物于此,故俗称十八坂"。清道光初年,闽清"十八坂"会节被固定为每年正月十七、十八、十九举办。

还有,在阳岐盛行的尚书庙祭祀礼仪,在嵩口流传的非物质文化遗产纸狮和虎尊拳等。

(五)福州名镇名村的传统名居特色

福州地区古村镇的传统民居规模宏大又不失精美。具有浓厚的福州地方特色。例如多为木制结构,相当重视门窗的造型以及装饰木雕。

宗祠建筑也是乡土文化的一部分。这些宗祠大都前后数进,雕刻精美。福州地区很多血缘型古村镇,如福州螺州镇、林浦村、连江透堡镇、长乐三溪村等地,至今仍都保留有大量的宗祠。位于闽清县坂东镇乾上村松柏林下的六叶祠,被誉为"万祠之首"。六叶祠前身是唐黄敦宅,始建于北宋元符二年(1099)。

(六)福州名镇名村的宗教文化

福建民间信仰庞杂多样,因此,福州地区古村镇的宗教建筑可谓纷繁复杂,种类繁多。这些宗教建筑既反映了古村镇的历史文化,又维系着古村镇人的精神生活。古村镇中有佛教、道教及地方神庙建筑。

佛教建筑代表海潮寺位于连江定海村东四里地的山坳里,又名九龙禅寺。海潮寺内,也同其他寺院一样供奉着佛祖、菩萨、罗汉等佛像,虽数量较少，但布局与众不同。数尊从境外请来的"白玉"千手千眼观世音菩萨佛像，是其他寺院中少有的。海潮寺还珍藏有一套33册的《房山石经》，该书是我国佛教史上重要文物之一。报慈寺在透堡财岭山谷，1999年重建大雄宝殿，挖掘出土宋代古碗2块、佛头1尊，寺后遗存唐代文物施食台1座，已严重损坏。寺后有郑鉴墓遗迹。

福州地区古村镇中，道教颇为兴盛。以连江的定海和透堡等地为代表，明至清代，定海相继建有三官堂真武殿、城隍庙、旗我堂等庙祠，史称"十宫"。但这些道教宫庙往往与民间的巫傩信仰融为一体，道教寺观主要有以下两所：三观堂旧称三元殿，始建于明洪武年间，地处定海新城里北边山涧之中。灵佑尊王宫位于透堡塘里村。

在福建宗教信仰中，正统的佛、道、儒三教及其比较大型的寺院，人们对于它的态度大多是拜奉有节。与之相反的是，那些地方性的宫庙或是神魔鬼怪的偶像却倍受乡人的崇拜，祀典不绝。

福州地区古村镇中的地方神庙大致可以分为三类：1.祭祀专职神佛的庙宇。其在古村镇中分布较为广泛，如城隍庙、土地庙、财神庙、女娲庙等。螺女徐氏仙娘庙，又称素女祠，在洲尾观澜书院之西。定海城煌庙古称城陞府，位于定海城正中央，始建于明正德年间。长乐植柱庙又名显应庙，坐落于三溪屏山脚下。2.祭祀忠孝节义的庙宇。此类庙宇多与历史先贤有关，如文庙、关帝庙、将军庙、天后宫等，体现了普通百姓对他们的敬仰、崇拜甚至神化。例如林浦泰山宫即为林浦村民为纪念宋末君臣而建。透堡文昌祠位于透堡西门。3.祭祀本地名人或与本家族有渊源的神灵的寺庙。这类庙宇多称为"祠"，如忠孝祠、名宦祠等。长乐梅花镇蔡氏家族奉祀蔡夫人，立有蔡夫人庙。位于透堡白鹤山的保民堂，建于明嘉靖年间，主要是为了纪念明总兵戚继光。

二、福州名镇名村保护开发的发展态势及存在的主要问题

(一)福州市名镇名村保护开发的发展态势

福州市名镇名村保护开发的工作起步较早，随着近年来政府引导支

持力度的不断加大，保护开发呈现以下四方面的积极变化和发展趋势，应当及时总结，因势利导，精准推进。

一是由村民自发义务保护转向政府引导支持的双向互动。随着改革开放的不断深化，实现温饱的农民开始把挖掘展示祖先的智慧和荣耀作为对自身价值的再发现。主观上是回顾历史，缅怀先人，回味民俗风情，客观上也是不甘于仅仅把乡村作为城市经济文化的附庸，表达了对乡土发展的期待和精神成长的追求。此外，城市发展的破坏性蚕食的负面反映，给发展相对滞后的农村以反省和救赎的机会。政府的美丽乡村建设与名镇名村的保护开发水到渠成，有机融合。

二是由单纯乡土情感的寄托转向对传统文化自信的展示。早期村民自发义务的保护往往带有对乡土社会一厢情愿的眷恋，但又有无可奈何花落去的悲情色彩。在经济发展的大背景下，村民们在庆幸免于现代都市工业化引发的城市病困扰的同时，开始重新审视自己家园的价值，回味淳朴乡村社会的温情，挖掘乡土的文化遗产，努力用现代人的审美情趣去钩沉传统的韵味，从而展示对传统文化的自信，提升传统文化的影响力。同样，城市病也助长了城市人乡土情结的弥漫，他们希望从最接地气的乡愁中寻找到精神的寄托和皈依。名镇名村的保护开发，实际上也是对习近平总书记所说的文化自信是更基础、更广泛、更深厚的自信的生动实践。

三是由呵护青山绿水的自觉转向开发"金山银山"的创业主动。社会的进步发展，特别是国家把生态文明纳入五位一体建设的范畴以及相关的政策引导扶持，以及一些新思想、新理念、新技术的产生，为名镇名村的保护开发注入活力。有村民就地创业创新，开辟新的增收渠道，也有一些社会资金开始关注名镇名村的保护开发带来的投资机会。乡村游和农家乐的日渐升温，一批民宿客栈、有机农场和乡村旅游项目应运而生，以其独具特色的文化形态和充满诗意、美好和浪漫的田园风光，使得名镇名村和不少传统村落成为具有重大保护开发价值的"金山银山"。名镇名村已成为因应农业供给侧结构改革，推动农业结构转型升级现实要求的重要载体。

四是由保护有形遗产的开端转向深耕无形传统文化相并重。名镇名村的保护开发从对传统文化的自然认同到自觉弘扬；从静态的挖掘到动态的展示；从遗产的被动保护到产业的主动开发，开拓了名镇名村优秀传统文化创造性转化和创新性发展的广阔空间。

(二)福州市名镇名村保护开发存在的主要问题

福州市名镇名村保护开发虽然取得显著的成效，但囿于经济和认识等方面的制约，仍然存在如下三方面的主要问题：

1.保护的意识淡薄，规划实施不到位。对历史文化名镇名村保护的重要性、紧迫性和艰巨性认识不足。部分领导干部重申报，轻文化遗产保护，重开发利用，轻保护管理，在历史文化名镇名村公布之后，只要牌子，措施不力，对保护工作缺乏应有的重视。一部分历史文化名镇名村规划缺少整体系统保护，村民急于改善居住条件和增加现代生活设施，在历史文化名镇名村保护范围内的违规建设屡禁不止，保护规划实施不到位，监管不力。

2.投入不足，历史文化名镇名村保护工作难以启动。名镇名村大部分分布在山区和经济欠发达地区，由于缺乏专项经费，镇村又无资金投入，名镇名村保护工作举步维艰，尤其是名村普遍存在基础设施短缺，人居环境较差，传统民居年久失修，部分建筑已不再适宜居住，村内"空巢"户逐年增多，少数特色建筑濒临倒塌，出现安全问题。同时现有工匠传统技术水平不高，影响传统民居和特色建筑修缮与维护工作。

3.管理机制未建立，政策、措施有待完善。历史文化名镇名村由建设、文物、旅游部门多头管理，镇村保护规划没有日常管理机构和专业人员，素质高的管理人员不足及维修古建筑的技术工人严重缺乏，导致名镇名村的保护规划不落实，保护差，有的拆古建新，已破坏了名镇名村的古香古色与古韵。同时，由于各级政府的重视程度与财力不足的困难，国家规定的保护政策无法落实，对需要保护的，当地政府没有主动地采取措施加以解决，助长了群众的消极情绪。大部分名镇名村没有乡规民约，缺少保护的自觉性。

三、加强名镇名村保护开发的几点建议

基于闽都文化视阈下的名镇名村的保护开发，是福州市响应党和国家提出的实施中华优秀传统文化传承发展工程的一项重要实践，为新时期福州历史文化名城的创新型发展开辟了更为广阔的空间。根据"创新、协调、绿色、开放、共享"的新发展理念，我们提如下建议：

一是以科学规划做引领，全面推进名镇名村保护开发与历史文化名城保护的有机融合。

目前，福州市乡村旅游产品作为新型的生态旅游发展模式，受到广大消费者的青睐，但还需要在发挥规划龙头的引领，加强乡村规划设计上写好"续集"，才能使历史文化名镇名村真正成为因应旅游供给侧结构改革重要载体，有效承接庞大的旅游消费升级的需求。

要根据福州历史文化名城保护的基本原则和思路，组织有关部门按照3A以上景区的标准，科学规划名镇名村保护开发，已制定规划的名镇名村要导入乡村设计的理念，在深化文化旅游功能上做进一步完善，做到既凸显所在地独特的文化内涵，又遵循乡村发展的规律。

要依托福州市名城委、市宜居环境建设指挥部办公室和市农业局，成立名镇名村的保护开发的领导小组，根据7月1日起施行的《福建省历史文化名城名镇名村和传统村落保护条例》的要求，结合福州市正在开展的新农村建设的实际情况，着重从深度挖掘并创造性转化和创新性发展乡村传统文化、深化美丽乡村建设等方面提出加强福州市名镇名村的保护开发工作的具体指导意见，充分兼顾保护农村生态、突出乡村特色、展示乡土文化底蕴、培育特色产业、完善旅游功能和方便农民生产生活要求的有机结合与统筹发展，将建设集循环农业、创意农业、农事体验于一体的田园综合体的理念贯穿其间，付诸实践。

要强化规划许可管理和落实情况的督查，确保执行规划的权威性和持续性。将名镇名村的保护开发列入各级党委、政府重要督查事项，并主动接受人大、政协和社会各方面的监督，通过开展动态监测和评估，及时总结推广示范点等做法，集中力量打造一两个具有全国性乃至全球性影响

的历史文化名镇名村，形成依靠特色文化吸引产业融合、产业集聚、人口集中的城镇化实验基地，以期为福州市的传统村落建设和优秀传统文化传承发展工程的建设提供可资借鉴的样板与经验，努力提高福州历史文化名城的全球知名度和影响力。

二是以维护农民长远利益为根本，充分调动当地村民广泛参与的积极性。

农民是农村的主人，也是加强名镇名村保护开发的参与主体与受益主体。保护开发名镇名村，不但是要让土地和家园成为帮助农民致富的平台，而且还要重新唤起农民对土地的深层情感，让土地成为展示自身价值的平台。

要把展示乡土文化自信，帮助农民增收，提高农民自身造血功能的要求贯穿名镇名村保护开发的全过程。支持农民争当创办领办文化休闲农业致富带头人，围绕深耕盘活名镇名村的生态美景、健康美食、人文历史等文化资源，因地制宜自主创业，开展休闲农业和乡村旅游开发，发展以农家乐为主的庭院经济，使乡村旅游成为农民就地就近就业的重要渠道，减少农民简单地通过出租土地等资源获益的短期行为。

要注重产业帮扶与项目合作开发，大力扶持农户和农民合作社，引导进入农村三产融合的新型经营主体、社会资本，与农民建立更加紧密的利益联结机制，重点支持社会资本开发农民参与度高、受益面广的文化旅游休闲项目，采取以龙头项目带动农户的模式，广泛吸收农民参与一、三产业经营，参与项目开发、建设、经营、管理，实现就近创业就业，获得持续多元增收，让保护开发名镇名村真正成为农民自己的事业和产业。

要按照社会主义核心价值观的要求，鼓励面向社会征集家谱、族谱，修建村史馆，讲好先贤和家族荣耀故事，激活历史记忆，留住悠悠乡愁，引导重构维系传统乡村组织的宗族血缘关系，延续淳厚民风民情基础上的农村社区文化，既满足广大农民对丰富精神文化生活的追求，又让乡土文化成为奉献给消费者的特色文化大餐。

三是以深耕乡土文化内涵为抓手，增强名镇名村创新发展的核心竞争力。

　　文化是名镇名村的灵魂和软实力。要以推动名镇名村保护开发为契机，把深耕弘扬闽都文化的视野从学术殿堂深入到广阔的农村地域；从学者的范畴扩大到广大的农村乡贤；从偏重于传承性、学术型的研究转向创新性、应用型的发展，使名镇名村的传统文化得到创造性转化和创新性发展。

　　要将名镇名村的保护开发，作为实施中华优秀传统文化传承发展工程的重要一环，注重对闽都文化的现代理解和当代转化，用工匠精神用心打造旅游产品。把传统文化中那些符合现代生活和现代价值的内容有机地融入农民的日常生活，成为农村树新风、扬正气，培育文明乡风、优良家风、新乡贤文化的载体，永续传承、促进文明，让传统文化与时代精神共鸣。要以历史文化名镇名村广袤美丽的生态环境、悠久的特色乡村、丰富的人文景观和深厚的历史文化为依托，坚持立足乡村旅游的潜力和前景，因地制宜，运用科学的理念和方法，开发满足中国人素有"归园田居"情愫的修心、休闲项目，为现代人回归生态自然的旅游体验，提供一方静谧的身体和灵魂栖息地，满足游人享受田园慢生活的追求。

　　要发挥名镇名村传统文化的正面意义，把游客文化体验感受放在首位，以把严复的故乡省级历史文化名村阳岐开发建设成国家文化公园为抓手，建设一批形式上可参与、内容上易接受、思想上能认同、经济上有创收的乡土文化公园，真正吸引游人融入农村特色的生活空间，体验乡村风情活动，享受休闲农业带来的乐趣，从中感化受益。让中华优秀传统文化在寓教于乐的过程中展示更基础、更广泛、更深厚的感召力和自信力。

　　四是以培育特色文旅产业为支撑，增强名镇名村差异化持续发展的后劲。

　　名镇名村的保护开发，必须靠产业发展提供经济支撑。福州市名镇名村分布沿海、山区和内陆"千村千面"，没有优劣之分，只有特色之别。要学习借鉴贵州、云南等地的做法，充分兼顾所在地自然与人文环境的有机结合，在特在文化、特在生态、特在产业体验上做足文章，注重培育地域特色差异显著、娱乐性强、消费频次高,消费力持久的乡村文化旅游的业态,避免同质化竞争。

要顺应消费市场变化升级的需求,通过"景区带村""旅游专业合作社+农户""旅游带动农产品销售""农业+园区"等模式,借助"旅游+""生态+"等新产业新业态,推进农业、林业与旅游、教育、文化、康养等产业深度融合,依托农村绿水青山、田园风光、乡土文化等资源,根据乡村游分享式、体验式旅游的特点,大力发展旅游度假、运动休闲、考察观光、养生养老、创意农业、农耕体验、亲子乐园、乡村手工艺等适应满足不同游客群的旅游产品,发展具有历史记忆、地域特点、民族风情的特色小镇,建设一村一品、一村一景、一村一韵的魅力村庄和宜游宜养的森林、海滨等景区,不断丰富乡村旅游业态和产品,让各式美景在持续的迎来送往不断焕发新的生机,为游客提供更丰富的体验,推进乡村游从"吃农家饭、住农家房"的简单形态,向多元化、休闲化、综合化转变,不断延长农业的产业链,使之成为繁荣农村、富裕农民的新兴支柱产业,真正把绿水青山建设成惠及广大农户的金山银山。

要因应农业供给侧结构性改革的要求,顺应新型城镇化规律,以都市现代农业为支撑,集成运用统筹城乡改革成果,将现代科技等新要素新模式引入农村,带动当地农民创业创新,共同将农村建设成为农民的家园、游客的公园和共享的乐园,将农民转变为旅游从业人员、将农产品转变为旅游商品,切实做到让文化有传承、广大农民得实惠、投资者有回报、游客有愉悦感,切实把经济效益、社会效益、生态效益有机统一起来,形成名镇名村保护开发共建共享共赢的发展局面。

五是以发挥凸显侨台资源优势为前瞻,把名镇名村建设成台侨胞文化寻根、寄托乡愁的家园

福州是全国著名的侨乡,又是对台工作的前沿阵地。五缘相亲相连的优势是连接两岸的基因传承。蕴藏在名镇名村各个角落里的"乡情""乡愁""乡味""乡韵",牵绊着出海谋生创业的游子情,维系牵动着海外游子的故园之思,是海外华侨文化寻根、寄托乡愁的心灵殿堂。

要通过名镇名村保护开发，把广大海外侨胞和归侨侨眷紧密团结起来，发挥他们在中华民族伟大复兴中的积极作用，发挥福州作为全国著名侨乡的优势，更好地凝聚侨心侨力同圆共享中国梦。

要通过名镇名村保护开发，更好地维系传承榕台两地独特的人文基因，服务于两岸和平统一的大业。特殊的地缘条件，促成了许多福州人到台湾谋生发展。在台湾，早期来自粤东闽南的移民及其后代不擅于手工艺，这个空缺则由福州人来填补。台湾的刺绣、漆艺、宗教建筑造像及器具、银楼和钟表业，基本上由福州人及其后代所揽括。台湾佛教的本流是由福建鼓山及西禅两大禅寺传来，另一派是福清黄檗寺。落户台湾的福州乡亲秉承着列祖列宗的精神，克服了种种的困难，披荆斩棘，把毕生的智慧的力量贡献给台湾，不少人成为台湾社会精英、栋梁。福州的名镇名村和古村落是他们后代寻根的家园。

六是以落实政策和加强宣传为推手，建立名镇名村保护开发的保障机制。

近年来，国家出台了许多支持"三农"和推动美丽乡村建设的鼓励政策，对名镇名村的保护开发提供了强有力的支持。但是如何具体地贯彻执行，提升落地效率，还亟待严格监督、简化流程、联合办公、持续引导等灵活的机制保障，以及强有力的宣传舆论支持。此外，名镇名村保护开发中的生态底线的守护，更是福州市作为全国生态文明建设试验区应有的责任担当。

要把省委贯彻习近平总书记对福建集体林权制度改革重要指示的有关部署，和最近中办国办印发的《关于加快构建政策体系培育新型农业经营主体的意见》精神，落实到名镇名村保护开发的全过程。充分运用农村林权、产权制度改革成果，探索集体林权和建设用地开发利用的实现路径。要鼓励"互助合作"，支持农村集体经济组织创办乡村旅游合作社，或者与社会资本联办乡村旅游企业，支持农民以承包土地入股等形式与企业合作，允许通过村庄整治、宅基地整理等节约的建设用地，采取入股、联营等方式，盘活土地、资金等要素资源，提高农民的资产性收益。在与城市接近、基础配套较好的城镇村，鼓励村预留的集体用地向建设租赁住房的方向发展，探讨共同产权、租售同权的可行性，共同培育壮大福州市的住房租赁市场。要健全完善利益分享机制，借鉴闽侯县石村农村集体资产股份权能改革的成功实践，将村级的经营性资产量化到户到人，全面落实农民对集体资产的占有权、收益权、有偿退出权和继承权。同时，要健全完善农户和农村集体经济组织的权利保护办法，防止集体资产被外来资本控制，影响农村社会稳定。

要把名镇名村保护开发作为推动生态文明建设试验区建设的典范。生态文明是实现共享的基础，只有农业农村生态文明建设取得实际效果，福州作为全国生态文明建设试验区才会有根本性的改变和质的突破。名镇名村虽然具有丰富多彩的乡土民俗和大量尚未开发的文化资源，但自然生态基础依然脆弱，是农村生态文明建设的难点所在。因此名镇名村的保护开发必须牢固树立尊重自然、保护自然、顺应自然的理念，所作出的各项决策、部署时必须认真考虑生态因素，仔细权衡各方利弊，让绿色发展、循环发展、低碳发展贯穿保护开发的全过程和方方面面，避免被媒体披露的美丽乡村以及特色小镇建设中负面案例现象的出现。

要加强名镇名村保护开发的公益性宣传。鉴于福州市多数名镇名村尚处于各自为战保护开发的投入期，宣传资金难以统筹集聚，建议市旅游发展委员会要将名镇名村与历史文化名城进行捆绑式全方位、立体式的宣传营销，通过增加这些乡村的集中展示和广泛传播，展示福州把名城文化保护与经济增长、人文关怀与新农村自然保护和谐地融为一体，推动名城文化生态与自然生态叠加保护的新实践、新成果，吸引社会各界的广泛关注，树立福州市在国家乃至国际上现代化新型文化与生态旅游转型升级的新形象。

课题指导：

练知轩（福州市政府原市长、市人大常委会原主任、闽都文化研究会原会长，荣誉会长）

郑庆昌(福建农林大学软科学研究所所长,教授、博导、闽都文化智库专家)

组　长:

徐启源(中共福州市委原常委、秘书长、统战部部长,闽都文化研究会会长)

副组长:

林　山(福州市社科联原主席,闽都文化研究会副会长)

戴清泉(中共福州市委副秘书长、政研室主任)

成　员:

戚信总(闽都文化研究会学术二部主任)

周耿忄(中共福州市委政研室调研二处处长)

杨济亮(福州市社科院办公室主任)

李铁生(闽都文化研究院编辑、闽都文化研究会学术一部主任助理)

潘　超(福州大学至诚学院讲师)

俞少奇(中共福州市委政研室调研二处科员)

罗　畅(闽江学院爱恩国际学院教师)

方　薇(闽都文化研究会学术二部工作人员)

执　笔:

戚信总　李铁生

三、2018年调研课题

闽都文化与福州城市化进程研究

【摘要】 改革开放以来,福州的城市化进程不断加快,长乐撤市设区,标志着福州的城市化建设上升到一个新高度。在福州2200多年的城市发展史中,闽都文化发挥着极其重要的作用。在当前福州加快建设创新开放绿色幸福的现代化城市的背景下,要通过加强规划引导,合理利用闽都文化的深厚资源,打造水系文化等特色文化旅游项目,强化文化旅游融合发展;加大政策扶持和资金支持力度,注重公共文化服务资源平衡配置,完善文化基础设施建设和公共文化服务;广泛开展人文素质教育,全面提升城乡群众文化素质和道德修养,以进一步推动闽都文化传承保护和城市化协调发展。

【关键词】 闽都文化;福州;城市化

改革开放以来,福州的城市化进程不断加快,特别是2017年长乐撤市设区,福州进入"六区"时代,福州市区面积从232平方公里扩大到291平方公里,市区常住人口城镇化率从63.3%提高到68.3%,城市框架进一步扩大。进入新时代,福州不仅迎来新定位和角色提升的机遇,也迎来实力发展跃升的机遇,初具区域经济担当者和引领者的定位和实力。市委十一届七次全会提出了加快建设创新开放绿色幸福的现代化城市的目标,标志着福州的城市化建设上升到一个新高度。在长乐撤市设区、福州城市化建设不断加快的背景下,如何深化闽都文化传承保护,激活闽都文化活力,彰显福州城市文化特色,是当前福州市文化建设的一个重要课题。对此,我们组织进行了深入调研,形成调研报告。

一、文化在城市化进程中发挥着重要作用

文化与城市化是一个紧密相关的统一体。一方面,城市化为文化提供了更为广阔的生存空间。城市是文化传承发展的重要载体,在不同的历史阶段,城市化的原因、动力及其结构、地位虽不尽相同,但却一直延续着特有的历史文化传统和文化轨迹。城市化的空间经过时间的变化,已与人们的生产生活相互影响,形成了稳定的文化习俗,在物质实体和精神实体上深深烙上城市特有的文化印记。文化可以提升城市的形象,增强城市的凝聚力。另一方面,文化又可以促进城市的发展和繁荣,优化产业结构,提升城市软实力,提高城市的综合竞争力和城市化的质量和内涵,是城市可持续发展的必要条件。城市文化渗透在城市发展的各个领域,融入到经济社会各项活动中,体现着城市的魅力特色,是支撑城市生存、竞争和发展的巨大动力和无形资产。通过文化提升城市形象,塑造城市品牌已经成为世界许多城市现阶段发展的重要抓手。

从世界发达国家城市发展情况看,文化已成为城市发展的"发动机"。例如美国迪斯尼,一个公司创造的卡通片的价值,抵得上泰国全年香蕉总产值;在日本,动画制造是第二大支柱产业,其出口额是钢铁的4倍。在英国伦敦、法国巴黎,这些城市并不是经济意义上的制造中心,但因繁荣发展的文化,不仅成为世界之都,同时也带动了金融、贸易、旅游、运输的发展。

从我国现阶段城市发展情况看,随着城市化进程的加快,城市的规模不断扩大,经济实力逐渐增强,文化在城市发展中所起的作用日益凸显,不少城市已将发展城市文化列为促进城市发展的基础,努力实现经济、社会、文化的协调发展。如北京、上海、广州、西安等城市均在"十三五"规划中提出了建设"国际文化名城"或"国际旅游文化名城"的目标。又如北京提出:"要充分利用北京丰富的文化资源和人才优势,大力发展文化产业,使其成为全国重要文化产业基地。"该市文化创意产业成为仅次于金融业的第二大支柱产业。上海提出:"世界一流城市,必须要有世界一流的文化,必须有世界一流的文化设施。"广州提出:"要以文化引领新型城市化建设。"武汉提出:"文化崛起要成为经济崛起的动力之源。"凤凰县是一个只有42万人口的偏僻湘西小县,但却因为文化优势,2012

年接待游客就达到690万人次，实现旅游总收入53.01亿元，占全县GDP的67.5%。丽江、腾冲、大理、乌镇和我省武夷山等地，都围绕文化资源做文章，由文化立市走上了文化强市之路。

闽都文化是福州在长期的经济、政治和社会发展过程中形成的一种地域文化，在长达2200多年的福州城市发展史中，闽都文化发挥着极其重要的作用。海上丝绸之路文化的繁荣发达，造就古代福州重要港口的地位，推动着福州城市的形成和发展。汉高祖五年（前202）"复立无诸为闽越王"，始设东冶港（福州）。东汉前期，东冶与中南半岛已经开辟了定期航线，成为当时东南海运的枢纽和对外贸易的主要港口，来自中南半岛的海外商品皆在此集散转运。中唐时期，北方战乱频仍，通往西域的陆上丝绸之路中断，中国的对外经贸文化交流重心逐渐向东南沿海转移，使福州在唐代中期至五代期间，成为海上丝绸之路的重要港口城市和经济、文化中心，并与广州、扬州并列为唐代三大贸易港口。福州从汉晋肇始到唐五代的鼎盛，奠定了对外商贸和文化交流的格局，进而推动了中国海上丝绸之路的发展。19世纪60—90年代，由于欧美市场对茶的大量需求，福州繁华的茶叶贸易成了福建重要的税收来源。1883年后，福州一跃成为中国最重要的茶叶出口港。晚清以来涌现一批民族精英，引领中国现代社会转型。闽都文化为近代中国社会孕育出了林则徐、严复等一批民族精英，他们为中国现代社会的转型注入了生机和活力，成为引领中国现代社会转型的文化先驱。洋务派在福州开始了近代化转型的尝试，左宗棠在马尾创立了福州船政，推动中国近代工业的发展，福州的城市建设由此进入新的阶段。中华人民共和国成立，特别是改革开放40年以来，闽都文化为福州城市发展注入了新的活力。习近平总书记主政福州期间高度重视文化传承保护工作，他在福州工作时说："评价一个制度、一种力量是进步还是反动，重要的一点是看它对待历史文化的态度，要在我们手里，把全市的文物保护、修复、利用搞好不仅不能让它们受到破坏，而且还要让它更加增辉添彩，传给后代"。习近平总书记的讲话为我们加快建设创新开放绿色幸福的现代化城市的目标指明了方向，提供了强大的精神支柱。

进入新时代，中共福州市委、市政府高度重视闽都文化传承保护，取得丰硕成果。福州市图书馆新馆建成开放，"福州文化地图"数字平台建设基本完成，上下杭、烟台山、冶山等历史文化街区（风貌区）保护修复进入实质性实施阶段。开展了闽剧、评话、伬唱等传统剧本整理及音频、视频数字化保存工作。公布了第三批非物质文化遗产代表性项目代表性传承人，首次落实市级非遗传承人扶持资金。制定出台《关于保护、扶持福州地方戏曲曲艺的实施意见》，闽剧演员吴则文荣膺第28届中国戏剧梅花奖。文化产业发展环境进一步优化，文化产业增加值增速位居福建全省第二位。福州海峡创意产业园、福州软件园动漫游戏产业园区获评福建省文化产业重点园区，四家企业入选省文化企业十强。福州连续三届荣膺全国文明城市称号。这些成效，进一步扩大了福州的城市影响，提升了福州的城市品牌，凸显了福州的城市文化特色，为推动福州城市化的持续发展提供了良好的条件和强劲的动力。

二、新时代福州城市化进程中文化传承保护需要引起高度重视的问题

在城市化发展进程中，城市体量的快速扩张，规模的膨胀，势必会引起文化的变迁和激烈碰撞，对文化的传承保护和城市的可持续发展产生正反两方面的影响。结合国内其他地区的城市化进程中文化传承保护的经验与教训，我们认为，福州在推进城市化进程中的文化传承保护工作中有以下五个问题需要引起高度重视。

一是大规模的旧城改造和新城扩展，各级政府的主要精力都放在"造城"和吸引投资上，对文化建设考虑不多，文化建设与城市化的空间布局衔接不紧，城市的文化风貌不明显，城市主题文化还不够清晰。中心城区、新市镇、新型农村社区的文化风貌特色不明显。

二是重视物质层面的保护而忽视文化精神和内涵的传承。对古建筑的保护仅重外在的规模、形制，而轻视对文化内涵的开发，使其缺少能深入人心的文化内容。一些地方的文化园区没有文化主题，缺乏文化内涵。

一些老街古镇只是保存了原貌，居民离开了祖祖辈辈生活的村落，原住居民的生活方式、原有的文化形态已不复存在，所承载的传统文化信息也消失。

三是非物质文化遗产后继乏人、传承断裂。城市化是农村人口不断向城市集中和转化的过程，而在狂飙突进的城市化过程中，并没有给农村原有的传统文化进行自我调节的空间，使当地原有的文化生态结构遭到严重破坏，传统文化资源迅速流失。特别是许多以农耕文明为基础的传统技艺，由于规模小，自我更新能力弱，难以融入现代生活，陷入日渐萎缩甚至消失的境地。

四是旅游开发深度和广度还不够，对于旅游群体的消费需求分析研究不足，偏重于物质文化遗产的开发，忽视对非物质文化遗产的挖掘，红色旅游路线中更多的是遗址、博物馆等物化的场所，对革命历史事迹、革命故事等方面的呈现较少，没有真正地展现出文化资源的核心价值。有的地方把文化遗产当成"摇钱树"，对列入保护项目的传统手工艺大量机械复制，或者植入肤浅的时尚趣味，片面开发其旅游和经济价值，对传统文化造成实质上的伤害。

五是公共文化服务能力不平衡，还不能有效满足城乡居民精神文化需要。特别是一些城乡结合的新区，基层文化设施总量相对不足，普遍规模小、设备落后，尤其缺乏功能先进、设备一流的大型文化设施，公共文化设施利用率不高，需要补齐短板。

三、在深化城市化进程中做好闽都文化传承保护的建议

闽都文化作为福州城市形象的灵魂和名片，是福州软实力和竞争力的重要体现。要在推进福州城市化建设过程中高度重视闽都文化的科学保护和合理利用，加强顶层设计，统筹兼顾，协调推进。具体建议如下。

（一）利用长乐撤市设区的有利契机，统筹规划好文化保护工作

一是要站在城市系统、城市布局、城市生长发展的角度，对城市环境、城市历史、空间特征等宏观因素进行研究，确立包括城市空间结构、

经济产业结构、文化延续性、自然景观等社会、经济、文化多元复合的城市化目标体系，实现城市各部分在时间和空间上的协调。要在规划中彰显闽都文化的地域历史文化内涵，注重维护当地原有的街巷肌理，延续当地历史文脉，体现当地文化特色，打造统一和谐的区域文化主题。二是要注重公共文化服务资源平衡配置，改革公共文化资源，根据各行政区财力大小配置的方式，加强优质公共文化服务资源向长乐、马尾等大都市圈居间和外围区域转移的力度，缩小中心城区与周边区域在文化、医疗、教育等服务的规模和质量差距，在都市圈内形成多个公共服务功能完整且相对独立的区域。特别是长乐作为一个还有大量农村存在，城乡差别较大，城市化程度相对不高的新区，在统筹城市化发展的过程中，尤其要重视文化主题和文化建设的布局。三是要摸清需要保护与传承的物质和非物质传统文化遗产底数，划出保护的"红线"或"高压线"，坚持先行保护，落实责任。四是要突出强调传统文化的保护与传承。充分吸纳具有当地特色的传统文化元素，盘活地方特色传统文化资源，为非物质文化项目预留足够的传承和发展的空间和场所。要加强对濒危非物质文化遗产项目的抢救，促进衍生品的开发，扶持传统技艺和产业的发展。特别是要加强对历史文化名村和传统村落的整体保护，坚持点、线、面相结合，从民居、街区到整个村落都纳入保护范畴。

（二）加强建筑规划和保护，着力在建筑风貌中充分彰显闽都文化特色

一个城市的建筑风貌最能够体现城市的文化主题。要加强建筑规划和保护，着力在建筑风貌中充分彰显闽都文化特色。一是注重塑造鲜明的福州城市建筑风貌。目前，全国各城市都有出台了城市风貌设计导则，对城市建筑风貌和文化特征进行规范。与其他城市相比，福州市是在今年才出台了《福州市建筑风貌导则》，当务之急要严格落实《导则》的要求，把富有福州文化特色的文化元素和符号体现到老城改造和新城开发中，彰显闽都文化特色。二是加强历史遗产保护。古建筑只要符合"古教堂、古住宅、古工厂、独一无二、著名建筑师设计、公认美"中任何一个指标，就要被列为保护对象，尽可能多地保留完整的福州民居建筑风貌，以增添的

福州城市魅力。三是打造特色文化街区。要制定《福州历史风貌建筑保护条例》，借鉴三坊七巷、上下杭的经验，对核心历史文化街区进行逐栋保护开发，打造更多的特色文化街区，保留更多的历史文化记忆。

（三）合理利用闽都文化深厚资源，激发文化创新创造活力

城市化发展不仅仅只是指城市空间的扩大，更是要在城市生活中有效地融入城市内涵，而城市内涵的载体则是文化。2000多年的古城历史，百年来的海洋文化，使福州成为中华传统文化的信息库，沉淀了大量的"闽都符号"（即体现闽都文化特点的人文景观、文化遗产等），这些都是福州城市化发展的宝贵财富，要充分利用这一有利条件和机遇，深入挖掘闽都文化内涵，培育文化产业。一是挖掘"闽都符号"。城市文化的最大价值就在于要培养广大市民的文化认同，通过文化认同来实现价值标尺、生活方式的融合。要对具有保护价值的资源如语言、诗歌、小说、戏曲、音乐、绘画、书法、雕刻、出版、工艺、宗教、温泉、美食、茉莉花文化等"闽都符号"进行分片区梳理，分门别类保护传承，将浓浓的闽都生活向广大市民呈现出来，在保护中发展，在发展中保护。二是加快建设具有区域特色的文化产业园区，培育和壮大文化产业集群。结合福州实际，优化整合动漫游戏产业园区、漆文化产业园区、寿山石文化产业园区等现有文化创意产业园的资源，着力壮大文化产业群。产业园区的文化企业通常提供的是形象化的文化产品。文创产业园区具有展示性的特点，兼有形象性、娱乐性，这正是文创产业园区具有吸引游客潜质的原因。因此，要支持和鼓励文创产业园区提高展示性、体验性，大力发掘福州文创产业园区所具有的旅游潜质，开发特色文化旅游产品，增强福州城市文化旅游内涵。三是积极打造符合福州城市定位的文化产业基地，做大三江口旅游综合体、海峡两岸文化产业合作基地、闽侯上街木根雕展示交易中心等文化产业基地，辐射带动文化产业发展。四是通过创作和生产彰显福州时代特色的高质量的文化产品来扩大福州影响。通过创作和生产电影、电视、流行歌曲等雅俗共赏的大众文化产品推介城市，是屡试不爽的有效经验。如《罗马假日》对罗马城、《少林寺》对河南登封市的巨大推介作用都是著

名案例。因此,要组织创作一批在全国有一定影响,反映福州的电影、电视和歌曲,进一步宣传福州,扩大福州影响。

(四)强化文化旅游融合发展,打造"城景一体"的新型城市

结合长乐撤市设区后福州的城市空间更新,着力打造一系列开放式、体验型都市文化旅游精品,满足深度体验城市旅游的需求,吸引更多追求个性化、深度游的海内外游客。

一是要打造水文化。福州自古水系发达,山水灵动。要充分利用福州大力推进市区水系治理的有利契机,以闽江游览为龙头,打造"内河连大江,大江通大海"的特色水文化系统。闽江是福州的母亲河,沿江已经开放的亲水步道,不仅是市民健身休闲的好去处,更是讲述福州历史变迁的最好载体。要突出闽江两岸商贸文化、使馆文化、宗教文化、船政文化和景观特色,统筹规划闽江、光明港、晋安河等水系文化的保护开发,优化沿江、沿河夜间灯光,对沿岸文物古迹和遗址进行保护,再现历史片段和传统生活场景,在保护有形文化遗产的同时挖掘保护好无形文化资源,进一步丰富水岸联动的都市水文化旅游线路。二是把"建筑阅读""街区漫步"作为城市微旅游的最佳产品。深度挖掘和演绎好福州独特的建筑和街区文化,推出一批"建筑可阅读"的城市微旅行街区,为游客配备建筑和街区阅读的导览系统,把独具特色的历史风貌街区打磨成人文旅游目的地。三是结合乡村振兴战略,提高郊外乡村文化旅游品质。福州山海兼具,生态良好,文化底蕴深厚,近郊文化旅游资源丰富,日益成为市民休闲的好去处。要着力整合打造永泰庄寨、闽江口湿地等近郊文化旅游资源,把这些生态资源加以整合,促进旅游交通、乡村民宿、旅游厕所等配套设施建设,使都市郊外的文化乡村生活成为休闲度假新产品。四是开发特色旅游演艺产品。杭州的旅游演出《宋城千古情》、上海的《时空之旅》都成为许多游客去当地的必看节目。要打磨推出如《三坊七巷》《上下杭》等具有鲜明福州特色,反映闽都文化底蕴,符合旅游消费特点的演艺产品,增加城市的旅游文化内涵。五是创新红色旅游方式。推动红色旅游从旧址参观的单一模式向融瞻仰教育、陶冶情操、体验休闲于一体的复合模式转变。

红色文化的演绎要形式多样、与时俱进，从内容、形式、手段、方法、体验设计等方面不断创新。要通过多媒体展示和现实环境的模拟，采取光、电、声等现代科技手段，对革命历史人物、故事进行演绎解读和历史情景再现，重现历史的真实感，增强红色旅游的生动性、吸引力和感染力。

（五）加大政策扶持和资金支持力度，保障传统文化保护与传承措施切实到位

一是制定非物质文化遗产保护的细化配套政策，支持基层引进、培养相关专业人才和管理人才，尤其是紧缺人才，如具有文物保护和古建筑修缮技能的人才等。出台切实政策，吸引和支持年轻人从事非物质文化遗产的保护与传承。将传统技艺传承人的培养、培训纳入职业教育范畴。二是对于非物质文化遗产生产性保护项目给予税收优惠政策支持。整合现有的传统文化的扶持资金，设立传统文化遗产保护专项资金，提高使用效率，加强监管，确保落实。三是创新体制机制，拓宽社会力量参与传统文化保护与传承的途径。要积极推动建立政府主导、社会力量广泛参与的多层次保护体系。制定鼓励社会力量、社会资本公平参与的政策和办法，拓宽社会力量参与闽都传统文化保护开放的渠道，建立健全社会参与闽都传统文化保护与传承的统筹协调机制、社会监督机制，激活闽都传统文化保护与传承机制，着力培养新型城镇的文化工作者、志愿者，培养一批扎根基层的文化队伍、文化人才和民间艺术继承人，让优秀传统文化的保护与传承有组织体系的保障，让丰富多彩的闽都传统文化后继有人。

（六）补齐短板，完善基础设施建设和公共文化服务

一是要强化基础设施的改造和完善，在保护传统文化建筑和场所的同时，为当地群众创造更加"宜居"的生活环境，避免群众因自行改善居住条件而造成对传统民居和习俗的破坏，最大限度地保存传统文化的真实性、多样性和原生形态的历史文化记忆。二是要重视对传统文化资源的开发和利用，将优秀传统文化精神内涵的宣传和弘扬、传统技艺的传授和展演，纳入当地公共文化服务的重要内容，增强公共文化服务的特色和吸引力。三是要推动传统文化遗产记忆工程，对在城市化进程中不便保护或不可避免要消失的文化遗产，及时以影像、声音、实物等多种形式，在博物馆、图书馆等合适场所留存和展示。

(七)广泛开展人文素质教育，全面提升城乡群众文化素质和道德修养

闽都文化的深厚底蕴和遗产，为福州城的文明和形象提供了取之不尽用之不竭的资源。要充分利用这些宝贵的资源，更加广泛地服务和普及民众，全面提升城乡群众文化素质和道德修养。一是开展传统文化教育。运用好福州市创建第三批全国公共文化示范区的载体，利用博物馆、文化馆、纪念馆等公共文化设施，广泛开展闽都传统文化知识宣传教育，使闽都传统文化息息相传，深入人心。二是开展人文素质教育，建立相应的教育和培训机构，把培养市民的社会主义核心价值观作为核心建设内容之一，着力全面提升市民文明素质，推动市容的进一步转化。三是大力加强道德建设。坚持开展"道德讲堂"活动，通过倡导孝亲爱亲、文明礼貌、移风易俗等教育活动，形成城乡团结互助、扶贫济困、平等友爱、融洽和谐的良好风气。

四、闽都文化与福州城市化发展的启示

福州城市化发展的过程中，闽都文化发挥着不可替代的作用。通过开展闽都文化与福州城市化的研究，我们可以得到以下启示。

(一)要高度重视文化规划在城市化进程中的基础性作用

1.在城市化进程中，要立足于中国国情，通过科学合理的规划不断完善现代城市的社会制度建构。主动学习国外的先进经验，完善相关的法律法规，为未来城市的发展空间做好长期规划。城市的每一个平面构成和每一块空间构成不仅要体现出城市的功能意义，还要通过城市功能的利用形成新的城市文化秩序，突出城市的文化形态意义。

2.在制定城市改造方案时，要更加注意保持传统城市肌理的完整性，加强城市历史文化资源的保护和利用。在新一轮城市文化建设中要认识到文化资源的重要性，准确定位，尤其是像北京、南京、西安等这样的文化古城。在充分开发和利用宝贵历史文化资源的同时将民族性与现代性有机

地结合起来，发挥古都文化的巨大优势，彰显古都城市的文化魅力。

(二)要高度重视文化政策在城市化进程中的关键性作用

1.充分发挥政府的积极作用，在扶持特色文化产业的同时大力发展文化创意产业，并为其提供政策支持。国际化大都市的建设需要实实在在的文化产业作基础，推进文化体制改革和政策创新需要政府的广泛参与。不仅要对文化创意产业方向有明确规划，还要加大对城市文化建设经费的投入，支持文化艺术类产业的发展，可借鉴日本对动漫文化产业的扶持作法，发展特色文化产业，塑造更富活力的城市形象。

2.在城市化进程中大力发展文化创新，不断丰富和拓展先进文化，提高城市文化软实力。加大各项支持政策的出台，为各省文化创意产业的发展提供有利的制度保障。鼓励创新型人才、积极创业、建立创意工作室，更好地满足人民群众日益增长的精神文化需求。如果没有大量新鲜血液的注入，城市文化也就失去了吸引力。

(三)要高度重视文化项目在城市化进程中的推动性作用

1.加快推进重点文化项目建设，更好地提升城市文化影响力。加强城市重点文化项目建设的意义，不仅在于为城市打造一张文化名片，更重要的是在社会之中形成良好的文化氛围，让更多人在文化熏陶中体会文化的力量，从根本上提升城市文化的影响力。例如陕西省深入开展丝绸之路经济带新起点的文化建设工作以及开展省图书馆新馆开工建设等重点项目，不仅可以加大文化载体的建设力度，还能拓宽文化产业的发展渠道，进一步呈现出具有陕西文化特色和现代文化特征的城市文化特色。

2.依托城市特色文化，发展特色项目，推动城市文化独创性，不断拓展文化辐射力。城市的特色文化是城市文化发展的基础。特色文化的回归，就是要大力发展城市的特色项目。例如积极动员民众参与城市建设，通过加大红色景区的有效开发利用，打造符合民众心目中的红色文化精品力作。

(四)要高度重视文化人才在城市化进程中的驱动性作用

传统文化的传承与保护不仅是一项耗资巨大的工程，同时还是一项需要人才保证的工作。无论是对传统文化进行普查、整理、保护，还是传承人的培养，都需要一支专业的队伍。因此，政府在加强人才队伍建设方面，要做到"内培外引"，首先，要培养一支专业知识丰富、有经验的队伍。其次，还应充分发挥民间文化专家以及大专院校学者的理论知识与实践经验。另外，还要通过政策的优惠、奖励等措施引进专业人才，充实传统文化保护与传承的队伍。

课题指导：

练知轩（福州市政府原市长、福州市人大常委会原主任，闽都文化研究会荣誉会长）

组　　长：

徐启源（中共福州市委原常委、秘书长、统战部部长，闽都文化研究会会长）

副组长：

陈伙金（闽江学院原副院长、闽都文化研究会副会长、秘书长）

戴清泉（中共福州市委政研室主任）

鲍　　闽（福州市文联党组书记、副主席）

郑庆昌（福建农林大学软科学研究所所长、教授、博导，闽都文化智库专家）

参与单位：

中共福州市委政研室、福州市文联

成　　员：

戚信总（福州市政协文史委原主任、福州闽都研究会学术二部主任）

李贵勇（中共福州市委政研室副主任）

王阿忠（福州大学经济管理学院系主任、教授、硕导，闽都文化智库专家）

王　　坚（闽都文化研究院院长）

执　　笔：

王　　坚

福州市乡村振兴中闽都文化导向研究

——以永泰庄寨建设为例

【摘要】 2018年伊始，中共福州市委按照中央、省委部署，实施乡村振兴战略。本课题根据实施新时代乡村振兴战略要求，调研和探索闽都文化在福州市实施乡村振兴战略中的导向和引领作用。永泰庄寨复兴实践表明：观念更新是乡村振兴的前提，乡村振兴需要文化复兴，文化复兴不是文化复古，要继往开来。只有文化引领才能产生良好的效果，如永泰"公导民办"的模式。永泰实践较好地体现了闽都文化开放创新的精神内核和文化遗产在乡村振兴中的导向和引领作用，对福州市推进乡村振兴有借鉴参考价值。

【关键词】 永泰庄寨；文化复兴；闽都文化；乡村振兴

乡村振兴战略是习近平总书记关于"三农"重要思想的核心内容。乡村是中华传统文化生长的家园。乡土文化是中华优秀传统文化的根基，是坚定中国特色社会主义文化自信的根本依托，也是实现乡村文化振兴的必要前提。乡村振兴，既要塑形，更要铸魂。在乡村振兴这个大战略中，文化振兴不仅是任务，也是保障，而且对于乡村组织振兴、生态振兴、产业振兴、人才振兴都具有重要导向和推动作用。

福州众多乡村保留下来丰富浓厚的闽都文化，这些在传统村镇实体上刻画着自己历史的文化遗产是新时代福州乡村振兴的根脉。根据新时代乡村振兴战略实施的趋势，必须深入挖掘地域文化的内涵，增强文化自信，大力弘扬优秀传统文化，并利用独具特色的乡土文化资源，充分发挥闽都文化在福州市实施乡村振兴战略中的导向和引领作用。

一、案例调研

(一) 案例的选择

随着改革开放的不断深入和村镇建设的迅速推进,近年来福州市在名镇名村建设中已经取得了不少成就,有不少成功的案例,提供了较好的经验。这次,我们以福州永泰庄寨为个案,同时借鉴参考省内外一些乡村振兴建设案例,围绕他们在乡村建设中如何守护、传承和弘扬优秀传统文化,用文化引领乡村振兴方面展开调研。

永泰县域距离福州市区约50公里,这里高耸云端的青云山、蜿蜒奔腾的大樟溪,造就了永泰险峻秀丽的自然山水奇境。现全县辖21个乡镇,255个行政村、12个社区委员会。相较于福州其他地区,永泰传统村落建设涵盖面大。根据省住建厅公布的省级传统村落名录,永泰县一共有45个,是福建全省数量最多的县。同时,永泰还拥有1个中国历史文化名镇、7个中国传统村落、5个省级历史文化名村。尤其是永泰大多数村镇都有历史底蕴浓厚、独具特色的山地民居——庄寨。这些庄寨历史悠久,始兴于唐朝,蓬勃在宋代,明清迅速发展,晚清几乎遍及各村镇。据统计,永泰历史上庄寨总量超过2000座,现存较完好的152座,18座为省级文物保护单位,24座为县级文物保护单位。其中占地面积1000平方米以上的98座,可谓庄寨之乡。

进入新时代,永泰县在传统村落的保护与开发工作中,把复兴庄寨作为振兴乡村的重要抓手,以文化为引领,充分挖掘庄寨文化的价值,努力开拓出一条乡村振兴之路。为此,以永泰庄寨为个案的调查与解析对本课题的开展具有学术参考价值和现实借鉴意义。

(二) 调研的内容与方式

我们通过资料查阅、问卷调查、田野调查与访谈等多种方式,收集相关资料。以文化导向为切入点,注重以人为本原则,尽可能客观地对庄寨(乡村)建设中如何有区别地保护不同时代、不同文化内涵和风格的文化遗产和景观风貌,以拯救散落在众多村镇地域的历史文化记忆及其多样性进行调查。并对庄寨（乡村）怎样协调好文化遗产与新生事物的关系，照顾村民发展经济和提升生活质量的客观需要，实现传统庄寨（乡村）的活性保护与可持续发展进行调查。

就永泰庄寨案例，我们设计了问卷调查。问卷内容涵盖：庄寨原来村民和后来居民的构成；村民对永泰庄寨文化遗产的认知程度和评价，包括永泰庄寨建筑的共性与特点、乡绅乡贤家风文化等；居民对庄寨保护总体规划的认可度、对庄寨整体格局和谐度、完整性保护修复的评价等；居民对永泰庄寨旅游开发的认知与态度，包括庄寨旅游特色的认知、旅游开发对环境及自身的生活影响的态度；永泰庄寨保护开发的公众参与度，以及居民对改善环境和脱贫致富的基本愿望等。

同时，我们进行田野调查和访谈等，对所收集的资料进行归纳与分析。

二、调研分析

（一）问卷调查的分析与评价

定向永泰庄寨的调查问卷共发放了330份，回收310份，其中有效问卷297份。我们对问卷调查相关数据进行了统计分析。

1.问卷调查的统计与分析。本次社会调查男性占比略多，占57.91%。问卷对象年龄从十几岁到六十岁之间分布均匀。问卷对象的受教育程度人数分布依次为高中最多，初中次之，再次本科。被调查者约84.85%为本地人，其中58.25%的人已经在本地居住五代以上，但92.59%的本地人已经不在庄寨居住。85.19%的人家庭年收入在10万元以下。

被调查者认为永泰庄寨出名的原因，占前三位是：历史文化悠久，保留着传统建筑格局和历史风貌，优美的自然环境。调查显示，认为庄寨人与自然和谐的占比92.9%，反映出庄寨人对自己家乡的热爱。调查也显示出乡民对庄寨保护的态度和期待：认为永泰庄寨保护成功的占48%，认为保护一般的占50.5%。对于限制永泰庄寨保护开发的原因，排在前三位的是庄寨分布分散，相互距离远且交通不便；文物保存不好；自然环境已被破坏。被调查者认为,庄寨保护开发公众参与度一般的占比55%,公众参与度高的占比40%。认为大众会支持庄寨保护开发的占比82%,认为保护开发后的生活会比之前更好的占比82%。希望通过投入资金改善环境的占比69%,希望通过立法加强管理的占比20.5%;支持对庄寨进行旅游开发的占比95.3%,若拆迁需补助合理才能支持的占比57.6%,认为开发能带来经济上收入增加是最重要的占比68.3%。

2.问卷调查的评价。我们认为,调研问卷结果较为真实反映了村民对庄寨的相关态度。接受问卷调查的对象绝大多数是世代生活在本乡村的村民,他们对庄寨的情况有话语权,他们对庄寨保护开放的看法,一方面反映了村民对庄寨文化遗产的热爱和对乡村振兴的期盼。被调查者普遍认为目前永泰庄寨名气尚不够大,希望加大宣传力度,多方筹集资金增加经济投入,同时要关注解决庄寨分布较为零散且交通不便的问题。在庄寨保护方面,绝大多数被调查者认为永泰庄寨蕴含宝贵的文化遗产具有很大保护开发价值,他们支持庄寨的保护开发,期望在保护开发中改善生活环境和生活质量。另一方面,反映出加强庄寨文化内涵的整理和挖掘以及普及乡土文化知识的重要性。被调查者对于乡土独特的民俗和手工技艺都很熟悉,但对于庄寨著名的历史人物和史迹却语焉不详。因而永泰庄寨开发任重道远,硬件和软件仍有待整理和加强,硬件是资金的筹措与投入,软件是庄寨文化内涵的挖掘和弘扬。

(二)田野调查与访谈的分析与评价

我们还多次到乡村实地考察。在永泰县,我们走访了县村保办主任张培奋,听了他关于永泰庄寨建设的情况介绍。我们还在村保办人员带领下赴各个庄寨开展田野调查。先后到了爱荆庄、青石寨、和城寨、岳家庄、中埔寨、万安堡、九斗庄、绍安庄、珠峰寨等庄寨实地调研,进行一线访谈,收集了较为丰富的一手资料。通过田野调查和访谈等所获得的资料表明,乡村振兴过程中,永泰县政府比较注重本地区文化遗产的保护和文化特色的凸显,强调以文化为导向促进乡村振兴。以下特点比较突出:

第一,文化引领,乡土文化成为科学规划乡村振兴的基石永泰庄寨是闽中地区特色的居住与防御并重的大型古民居，是农耕时代先民留下来的珍贵物质文化遗产。与已经走出深闺，成功申报世界文化遗产，声名远播的闽西土楼相比，方形端庄的永泰庄寨依然闺中待字，知者甚少。通过田野调查，庄寨文化特色给人留下深刻印象。

1.与大自然和谐相融的生态文化。永泰庄寨，有的建于四面环山、稻田环绕的盆地之中，有的建于溪畔之中，有的依山势顺坡而建，有的则建于山顶之上。无论建于何处，都形成与大自然浑然一体的感觉。方正的或是长方形的造型，透着端庄。在永泰下漈村南龙寨，大厅上有一副楹联，"屏山环广夏更借浮岚苍翠摘成百堵文章，漈水起洪波好德濑玉从峥发出千秋逸响"，很好地概括了庄寨青山环抱、绿水缭绕的绝佳生态格局。

2.富含艺术魅力的建筑文化。永泰庄寨的建筑规模大小不一，布局各异。有"日"字形、"目"字形、"回"字形、"甲"字形、"册"字形、九宫格形、船形、菱形、八卦形等多种形态。从高处看永泰庄寨，层层叠叠的屋顶黑色凝重，弯弯的屋脊伸向天际，还有那厚实的柔和弯曲的马鞍墙，透着动感。

庄寨的建筑雕饰工艺十分精美。如形式各异的轩廊精细别致，有结构复杂的菱角轩、端庄大气的卷棚轩等。轩廊处的隔扇门、槛窗、漏窗，下堂、厢房、书房处的槛窗及绦环板，凝结着庄寨建筑工艺的菁华。雕镂精美的窗花和门楣，石雕、灰塑、彩绘等装饰，无不反映民间工匠高超的技艺。如下漈村的南龙寨，正大厅柱子上方两边各有一只凤凰，鎏金彩绘，栩栩如生。凤凰背上有人形雕刻，容貌清晰，若仙人下凡，活泼夸张。挑檐、窗棂、雀替上有形式多样、造型精美的雕刻，线条简练挺拔，风格大胆。积善堂大厅前卷棚的压条呈圆形，用浮雕工艺雕刻写意松梅吉祥图案，线条精细。金墩庄雕梁画栋，美轮美奂。

3.镌刻着社会发展印记的人文历史文化。永泰庄寨的功能防御与居住并重，具有鲜明地域特色，刻画出当地千百年来经济政治社会发展的印记。庄寨厚达数米防御性墙体、战略性的跑马道、碉式角楼、竹制枪孔、注水孔等，凸显出庄寨的防御功能。永泰群山绵延，是相对闭塞之地。历史上，这里的百姓饱受匪徒侵扰之苦。为了守着这片他们生存的土地，防御是他们定居建宅时首要考虑的。庄寨先民多聚族聚姓而居，其防御体系为这种居住需求提供了坚实的保障。即便遭遇外敌入侵，族人守在寨子也可安全生活数月。每个庄寨占地面积都很大，内部被分割成若干单元（落）。每落的构造、功能大致相同。每落都有一个方形天井，可观天、通风、采光。庄寨内部房间很多。如青石寨，占地面积4613平方米，建筑面积5463平方米，房间共计378间，最多时容纳200多人。庄寨除了起居使用的房间外，还有私塾、仓库等，俨然是一座农耕时代功能俱全的家族村落。永泰庄寨这种集防御、居住为一体的独特建筑形式，是福建传统民居宝库的瑰宝。

4.蕴含着独特的庄寨家风家训文化。轩廊梁架上绘画雕刻的各类典故，反映了庄寨先民的审美观和教育理念。用各类瑞兽、花鸟鱼虫、吉祥用语、历史人物等图案雕刻的窗芯，是教谕人们礼义廉耻、崇尚孝道的微缩"教育平台"。永泰许多庄寨的匾额和楹联蕴含着独特的家风家训文化，这是庄寨先民留下来的珍贵文化遗产。庄寨楹联多为木刻，直接镌刻在厅堂柱子上：朱红联柱，凹体墨字，楹联立体美观。纵览这些匾额、楹联，或是记录家庭的渊源历史及祖上辉煌，如"安宅在仁""世德求作"，或结合周边美好景致以抒情怀，或讲述儒家忠信孝悌仁义廉耻，或是勉励勤奋读书的"欲高门第须为善，要好儿孙在读书"等。透过这些匾额、楹联，可以充分吸取闽都崇儒尚学的良好风气，领略到闽都重视耕读文化的气息，由此可以触摸到绵延千年的乡村文明。

第二，领导重视，"公导民办"成为庄寨保护的有效模式

永泰县将古庄寨保护与修复作为重要引擎，以文化引领乡村振兴战略。2015年9月，永泰县委县政府成立了古村落古庄寨保护与开发领导小组及其办公室，简称"县村保办"，这是福建省内为数不多的由政府主导成立的专业文物保护机构。永泰县政府每年拨出专项经费支持乡村文物保护和支持乡村的文化建设，为乡村振兴的文化振兴做了实事。

1."公导民办"模式的推出。永泰庄寨数量多、体量大，但大都年久

失修，濒临倒塌。如何修，怎么修？永泰县采取"专家学者研究+党委政府引导+村民参与实施"的方法，形成"公导民办"的保护发展模式。永泰县成立了专家指导委员会，聘请中国社会科学院考古研究所研究员、汉唐研究室主任安家瑶为主任委员，由国内知名专家组成的专家团队为永泰庄寨建设把脉问诊。如清华大学教授吕舟编写了《永泰庄寨综合研究》，复旦大学国土与文化资源研究中心主任杜晓帆教授编写了《永泰庄寨维修导则》，他们分别从专业角度为庄寨建设出谋划策，规划科学方案。

2. "公导民办"模式的基础。永泰县制定"先救命，后治病"的原则，有计划地保护与抢修庄寨。但是在资金和人力资源方面，单单靠政府的投入，也只是杯水车薪。经过探索，永泰县在注重传统村落的保护与开发的基础上，依托社会和村落的人脉资源，组建了理事会、基金会、合作社和乡建联盟等四种形式的社会组织，形成了一套优势互补、行之有效的乡村治理体系，发动村民参与乡村治理，让庄寨后人爱寨护寨。

在县村保会指导下，各乡村利用春节村民回家过年的契机，召开座谈会，推选理事长、秘书长、订立理事会章程，通过民政部门的登记注册，成立具有法律效力的永泰庄寨保护与发展理事会，具体负责庄寨本体的抢修、文化的挖掘、对外的招商、已落地业态的经营等工作。据了解，永泰全县已成立28个理事会，募集了超过1500万元的维修资金。理事会的成立，建立起与政府的固定联系制度，并很快凝聚了庄寨族人之力，乡民们或出资、或出力、或让地、或献策，用实际行动参与庄寨复兴，在全县兴起修寨护寨的热潮。庄寨的修复又快又好。荣寿庄、爱荆庄、仁和庄等庄寨就是典型的例子。永泰政府有关部门则协助邀请专家，反复论证庄寨保护性修复的最佳方案，力求把永泰县打造成独具地方建筑文化特色的风情县城。此外，为了培养相关人才，永泰县政府还协助成立了名匠传习所，在永泰城乡建设职业中专学校新设古建筑和手工编织专业，以保障庄寨传统建筑文化的传承发展。

3. "公导民办"模式的良效。永泰庄寨建设由政府、村民、专家学者、建筑师、投资商等多方形成聚合力，推行多元化、特色化"公导民办"模式，收到良好的效果。业界专家提出的"遗产保护，庄寨修复，不仅要关注文物本体和周边环境的和谐，更要重视人如何在庄寨里和谐生活"意见，为永泰庄寨建设发展找准路子。"公导民办"调用民智民力，提高了村民对乡村建设的积极性，变"要我做"为"我要做"。同时亦是村民观念蜕变的过程，使得他们对乡土文化由自然认知上升到自觉爱护，为乡村振兴留住了人。以"公导民办"方式修复的爱荆庄，再次绽放昔日辉煌。在2018年联合国亚太地区文化遗产保护奖角逐中，从8个国家的41个项目中脱颖而出，爱荆庄荣获优秀奖。

（三）省外的一些经验

1.松阳案例："四最"原则。浙江丽水的松阳县，拥有1800多年建县历史，是浙江省历史文化名城，也是华东地区历史文化名城体系保留最完整、乡土文化传承最好的地区之一。松阳乡村中依然保留着100多座格局完整的传统村落，其中国家级传统村落71个，数量位居全国第二。

近些年，松阳县提出"文化引领的乡村复兴"思路，按照"最少、最自然、最不经意、最有效的人工干预"原则，提炼每个村庄历史文化传统和特色产业，精准定位，成为住建部的"中国传统村落保护发展示范县"和国家文物局的"传统村落保护利用试验区"。松阳在实践中大胆创新，初步探索出了一条社会组织与地方政府合作推动，群众自发参与的私人产权文物建筑保护利用的新路径。在全球享有盛誉的德国Aedes建筑论坛总监汉斯–尤尔根·科莫瑞尔说："农村的发展关乎人类未来，松阳以文化建筑为切入点进行建设，松阳实践不仅对德国，对欧洲乃至世界都有借鉴意义"。

2.其他案例：以文化立身，以特色增长。乌镇，从1999年乌镇一期开发东栅，2003年建设西栅，到2013年举办首届乌镇戏剧节、2014年举办首届互联网大会，乌镇经历了观光小镇、休闲小镇到文化小镇的几次转型。在特色小镇建设中，乌镇以文化立身、以江南小镇为特色，日渐与国际接轨。乌镇以文化带动旅游，形成文化向心力和文化辐射力。

在国际上，许多成功的村镇案例，都是以特色文化引领发展，如爱丁堡、阿维尼翁、锡比乌等小镇，以艺术节带动小镇发展，在潜移默化间提高人们的艺术修养和文化情趣，还带动了当地文化旅游，成为文化名片。

三、调研启示

永泰庄寨以及省内外乡村建设的实例，展现了优秀文化在乡村振兴中的重要作用，给我们有益的启示。

（一）乡村振兴需要文化复兴

中央《关于实施乡村振兴战略的意见》指出："乡村振兴，乡风文明是保障"。指明了"乡风文明"在乡村振兴中，是乡村建设的初心、旗帜和方向。《关于实施中华优秀传统文化传承发展工程的意见》要求，乡村文明新风的激扬，应通过对优秀传统文化特别是各地特色文化资源的深入发掘和弘扬，通过复兴优秀乡土文化来实现，乡村振兴需要文化复兴的推进。中国的乡村创造并保存了宝贵的农耕技术、农业遗产，还形成了一整套价值、情感、知识和文化系统的农业文明。样态丰富的乡村文化是我们民族活力无限、源远流长的强大基因库。独特的自然环境、作物植被、生产方式、社会组织、风俗习惯、村落格局、民居建筑、语言器具等构成了乡村丰富的文化资源。复兴乡村传统文化，是新时代乡村振兴的精神基础。

永泰县找准古庄寨这一独特的乡土"文化"要素，把对它的复兴作为启动乡村振兴战略重要引擎。他们不仅复兴庄寨建筑，而且深入挖掘庄寨蕴含丰富的文化内涵。村保办成立以来，与复旦大学、厦门大学等院校合作，先后出版了《永泰庄寨》《山水古村、庄寨奇构》《永泰庄寨营造则例》《福建庄寨》《那庄，那寨》《永泰庄寨群综合研究报告》等。浙江松阳以"文化引领乡村复兴"，按"四最"原则，推进传统村落保护发展。这两地乡村建设阶段性成功的实践，充分表明了乡村振兴需要文化复兴，值得借鉴。福州乡村的闽都文化内涵丰富、内容多彩，沿海沿江平原村镇与山区山寨的风格明显差异，每村每镇各有特色，挖掘和复兴乡村历史文化，彰显其个性与特点，能够很好发挥其在乡村振兴中的引领作用。

(二) 文化复兴不是文化复古

复兴乡村文化，不是文化复古，而是文化更新；不是生搬硬套，以传统文化取代现代文化，而是让传统文化活化，使之与当代文化有机融合。永泰在保护改造古建筑、古文物等问题上，较好地诠释了文化传承与辟新相结合的理念。保留庄寨的原貌是修复中的基本要求和准则。原则上对房舍维修就地取材，维持原生态风光、原真田园风情、原味沧桑的历史感。同时也是传统与创新理念从对立、冲突到互相渗透和融合的过程。如村庄整体风貌与建筑个性的关系，新旧材料和构造的对比，地域习惯与国际认同之间的矛盾，传统的继承与活化之间的平衡等。乡村老房子缺乏防潮、消防等功能，使得居住的舒适度及安全性大打折扣，需要对建筑空间重新设计和改造。以闽西土楼为例，从文化的角度看非常经典，但经济实用效果不尽如人意，由于它缺乏合理水资源布局，没有卫生间，缺乏私密性，不适合村民和游客过当代生活的基本需求，所以要考虑在保留传统的基础上赋予新的活力。永泰庄寨修复专家团队提出"不仅研究庄寨的维修，还要研究人如何在庄寨里和谐生活，通过人把庄寨持续地保护发展下去"，传达了建筑复兴的文化内涵。古村落保护修复不仅仅是形式上的"修旧如旧"，还是保护传统和活化创新并行的观念问题。在复兴乡村文化，保护传统村落问题上，松阳经验向我们展现另外一个视角：文化复兴不是简单地回到从前，更不是推倒重来，再造一个完全不同的村落，而是要精准地把握每个村庄文化精髓，复兴乡村。

永泰庄寨与省外乡村建设的实践说明，乡村文化复兴并无统一模式可以复制，需因地制宜、因势利导，寻找最适合本地区的途径。只有抓住乡村传统文化复兴的真谛，即关键不在复，而在兴，在于让它重新兴旺起来，通过好的设计、业态、经营，才能真正赋予村庄活力。

物质文化这样，非物质文化亦然。

(三) 文化复兴要继往开来

乡村文化复兴不仅表现在对传统文化活化创新的继承，让乡村文化在现代文明体系当中找到自己的位置，得以复兴和重建，还必须通过它激活乡村活力,在复兴传统的基础上继往开来。

在广大农村,人走村空的状况普遍存在,许多年轻人到城市谋生与发展。组织倾听和收集口述乡村史,不失为激发村民乡愁与亲情的有效方法。英国历史学家保尔·汤普逊曾说:"口述史用人民自己的语言把历史交还给了人民。它在展现过去的同时,也帮助人民自己动手去建构自己的未来"。村民在讲述他们人生的难忘片段时,离不开个人与村落的历史交织。不断被激活、重塑的集体记忆,使村民们真切感受到自己和家庭、村落之间的联系,增强对乡村的依恋感以及改造家乡的责任感,有利于乡村振兴最核心要素"人"的回归,增强乡村振兴的内生性。

永泰县提出"家乡在等我,我们一起回家吧"的主打口号,倾情呼唤在外的年轻人回来。县政府相关部门尝试与厦门大学、中国人民大学等高校建立合作,并通过孵化传统民居,拟将其建设成博物馆、咖啡屋、创业基地等"年轻"场所,吸引年轻人回乡创业。永泰县北山寨的改造是乡村文化承前启后的有益尝试。北山寨始建于清道光八年(1828),20世纪80年代后,北山寨居民陆续迁出,庄寨无人居住。虽荒置多年,但北山寨仍有保存完好的整体风貌。在永泰古庄寨保护与活化利用大潮中,北山寨打造"白云相爱庄寨酒店"项目,通过修缮、活化庄寨内部空间,建起了特色餐厅、休闲茶吧、LOFT客房等,并在庄寨周边修建田野休闲景观、特色生态农业、精品花园、露营地等。永泰白云乡竹头寨铳楼的改造同样考虑了乡村文化的承前启后。竹头寨铳楼建于19世纪80年代,经过几百年岁月的摧残已破落不堪。庄寨修复时,铳楼改造为书吧。现今走近竹头寨,一座三层的夯土铳楼呈现在眼前,外形仍然与整个庄寨建筑风格一样朴实,里面却别有洞天。沿着楼梯向上,一排排木制书架映入眼帘,俨然是浓缩一方天地的乡村藏书楼,此外还有舒适雅致的咖啡屋,无论是外来的游客,抑或本乡的村民都可以在山清水秀的古寨书吧里,品着咖啡,读书阅览。竹头寨是白云黄氏的聚居地,自古耕读传家,曾有"不辨四声无一家"的盛景。把铳楼改造为书吧,以此传承白云乡耕读家风,领略永泰丰厚的文化底蕴。无独有偶,浙江松阳县在"拯救老屋行动"过程中,注重培养并提升了村民对老屋的价值判断和文化自觉,修缮项目还带动了乡土工匠的回归以及传统手艺的恢复。这种通过文化复兴继往开来,构筑乡村可持续发展之路,既满足了广大农民多样化的文化需求,保障农民文化权益,又唤起农民的文化自觉,重建乡村精神和乡村理想。

(四)乡村振兴的主体是村民

从理论上来说,村民应该是乡村振兴的主体,可实际现实中,无论是乡村建设,抑或文化复兴,往往把村民拒之门外。村民先是旁观者,有的甚至变成对立者。民智民力,不为所用,反成绊脚石。

永泰庄寨修建过程中,采取对主要庄寨"先救命,后治病"的原则展开第一期保护修复,通过发动乡民筹资修建,保证了主要庄寨不塌不漏不倒,为后期的修复夯下坚实的基础。永泰庄寨复兴推行的"公导民办"模式,调动了乡村民智民力,让村民参与到家乡的建设中,葆有了主人翁的欢愉感,滋生珍惜荣誉的责任感,萌发个人美好前景的真实感。

同样,乡村文化复兴,也要尊重乡村、村民的文化需求与文化创造。要发现、维系和恢复乡村原有的生活方式、情感方式、文化心理、价值观与世界观,使之与现代价值相嫁接、相融合,生长出新的价值。只有依托乡村自身、依靠村民自觉行动,才能激发村民自尊自信,塑造适应现代社会、具有内在动力的乡村文化。张培奋主任说:没有文化的支撑是走不远的,没有村民的参与是走不稳的,没有大咖的助推是走不快的。只有与村民共生共存共发展,才会行稳致远。这是他从庄寨复兴的亲身实践中总结出来的,很有说服力。

总之,乡村文化的复兴,对乡村振兴将起到重要导向作用。永泰庄寨复兴经验充分体现了闽都文化开放创新的精神内核及丰富的文化遗产在乡村振兴中的导向和引领作用。当然,永泰庄寨的复兴有待深入推进。例如如何把庄寨建筑的复兴与乡村人文复兴有机融合,如何发挥庄寨在永泰乡村文化复兴与文化产业发展的作用,尤其是如何建立以庄寨旅游为轴心的乡村大产业群上下功夫,是需要进一步思考与实践的。

四、几点建议

围绕党的十九大提出"产业兴旺、生态宜居、乡风文明、治理有效，生活富裕"的乡村振兴总要求，我们在调查基础上，就如何发挥闽都文化在福州市实施乡村振兴战略中的导向作用，提出以下几点建议。

（一）科学规划要接地气

在制定乡村振兴规划之前，做好乡土文化普查工作很有必要。除了村镇有关文化部门提供相关资料外，建议借助大学生社会实践活动，在当地政府指导下，有计划地深入到各个乡村，倾听农民的口述历史，因为这是方志资料和有形文化遗产之外珍贵的乡土文化资源，有助于规划者深入理解乡土文化。成立由政府有关部门牵头，各方面专家组成的规划小组，确保规划的全面性、科学性。还需要规划者对乡村文化遗产怀有敬畏之心，可组建跨学科的复合型专家团队，结合地域特色，因地制宜，制定科学的保护改造建设规划。

（二）发挥新乡贤作用

新乡贤指的是有文化、有见识，又善及乡邻，具有爱乡奉献精神的贤达之人。建议一方面对在地优秀乡民进行培育，另一方面在高层设计和政策制定上，要让更多农民工、大学生、退休人员在乡愁、乡情的感召下，携带资金、技术和人力资源返乡、下乡居住或创业发展。新乡贤通常有较开阔的文化视野和社会资源，回乡能够为家乡建设贡献力量。这些新乡贤的到来将激活乡村的新活力，把乡村文化带入新的发展阶段，有利于提升乡村良好风气和文明。

（三）统筹文化传承与产业发展

一是活化辟新乡村文化。每个村镇的原始风貌都与民族传统、文化背景直接关联。应尊重不同历史时期建筑的不同文化内涵和精华，将它们变成发展的动力。对于重要的文物建筑，要进行维修保护，整治环境；对于成片的历史建筑，要实施整体保护；对于珍贵的非物质文化遗产，要大力传承弘扬。通过合理规划、有效保护，使之成为村镇建设中的重要景点和标志建筑，活化成为发展旅游和改善民生的重要支撑。

二是大力培植闽都文化产业。充分挖掘闽都乡土特色文化资源禀赋和产业优势，加快建设地域特色鲜明、产业优势明显的文化产业基地和产业集群。加快推动文化与经济、科技、旅游、教育等方面的融合与互动，拓展文化产业空间。推动传统文化行业与高科技行业的融合，提升文化产品与服务的科技含量与附加值。

三是保护农业生产，激励"劳作模式"本土化的传承。福州市乡村环境多样，存在着多样化的农业模式，这些农业的差异是文化多样性产生的基础，也是传统文化多样性传承的土壤。乡村农民在长期生产生活实践中，逐渐形成农业生产以及农副业的"劳作模式"。劳作模式凝聚着村落村民基于生活诉求形成的地方性知识和生存性智慧。挖掘并激励本土特征的农副业"劳作模式"，有助于特色村镇取得更好的经济效益。

(四)创新乡村治理模式

乡村振兴战略中对乡村治理的设计是三治统一：德治、自治和法治。首先，传承活化乡村"德治""自治"的传统文化。大部分农村宗族文化根深蒂固，几辈子乡里乡亲形成了熟人社会，在农村推行血缘、地缘与亲缘相结合的自我管理模式，与此同时，进一步普及法制推行法治，不失为乡村善治之路。永泰东洋乡秀峰村募捐修宗祠，在短短20天的时间里，通过家族亲友微信群，就募集100多万元。乡村宗族、敬祖观念至今仍然强烈，对农村的血缘、地缘与亲缘力量因势利导，不仅可以为乡村振兴添砖加瓦，而且可以成为乡村长治久安"自治"的重要因素。

其次，积极培植一批具备较高政治素质、较强参政能力以及积极主动参与公共事务治理的村民在自治中扮演主体角色。同时建立优秀人才参与村民自治的引导机制，争取社会资源的广泛支撑，如通过经商办企业的能人治村，回请外出务工经商的成功人士、优秀人才跨村任职和机关干部下派挂职村干部等方式，实现优秀人才参与治理。要把这些普通村民乐意共享、与时代相适应的传统文化资源发掘出来，在乡村形成德治、法治与基层民主自治体系相辅相成、融为一体的现代治理体系。

（五）健全公共文化服务体系

一是公共文化财政保障进一步向乡村倾斜。二是完善乡村公共文化设施：如加强实施文化信息资源共享工程。将共享工程服务网络延伸到每个村镇，通过现代通讯和网络技术，最大限度地为乡民提供便捷的数字信息服务。又如建立健全乡村公共图书馆、文化馆、博物馆、综合文化站等，实施公益文化单位免费开放工程。三是完善乡村公共文化产品供给链。实施送书、送戏、送电影下乡工程。以政府购买服务的形式推出乡村文化惠民活动。四是实施文明创建工程。广泛开展创建文明村镇活动，提高村镇"软实力"。

（六）推进文化建设社会化特色化

一方面，推进文化建设社会化。各县乡村因地制宜建立综合性、多功能的文体公园、文化大院，改造一批古厝、旧祠堂为文化场所。同时，大力支持社会力量开展乡村公共文化服务。如永泰县鲍国忠个人创办的民俗博物馆影响颇大，他用数万件器物建构起宏伟的"文化宗祠"，用收藏和器物里的福州民间深厚的乡土故事以慰"乡愁"。永泰公益图书馆是由福建省义工支教团、福建师范大学图书馆、共青团永泰县委员会共建的图书馆，各方捐赠了一万余册藏书，每个月的图书流通量300本到500本。这种由政府提供场所、社会力量提供支持、志愿者开展服务，三方主体合力形成的公益图书馆可成为乡镇级图书馆的范本。

另一方面，立足当地文化特色，培育代表村镇形象的文化活动品牌。充分挖掘闽都文化地域资源，鼓励支持各县各乡村利用本土文化资源，开展"一县一品牌、一乡一特色、一村一主题"民俗文化品牌活动，构建起地域文化活动品牌群。如马尾区的"两马"同春闹元宵，仓山区陈靖姑民俗文化节，长乐区"百姓舞台梦想秀"，永泰县"周周乐"，连江县三月三畲族文化旅游节等，这些活动品牌立足本土，贴近群众，逐渐形成福州乡村文化风格。

课题指导：

练知轩（福州市政府原市长、福州市人大常委会原主任，闽都文化研究会荣誉会长）

组　　长：

徐启源（中共福州市委原常委、秘书长、统战部部长，闽都文化研究会会长）

副组长：

林　山（闽都文化研究会副会长）

郑庆昌（福建省高校智库区域特色发展研究院院长、教授、博导，闽都文化智库专家）

李贵勇（市委政研室副主任）

成　　员：

林秀玉（闽江学院教授、闽都文化研究会学术一部主任）

周耿忭（中共福州市委政研室调研二处处长）

张培奋（永泰县政协副主席）

黄静晗（福建农林大学副教授、博士）

李铁生（闽都文化研究院编辑，闽都文化研究会学术一部主任助理）

陈　珊（闽都文化研究会学术一部工作人员）

执　　笔：

林秀玉　李铁生

附件 1：

调研原则及访谈考察的主要内容

一、调研原则

1. 按照因地制宜原则。即要根据传统村镇当地的实际条件，确定具体的保护模式与方案；

2. 坚持整体性原则。切实把握传统庄寨保护整体格局的原真性、关联性和完整性；

3. 注重以人为本原则。历史是动态的和发展的，庄寨怎样协调好见证实物与新生事物的关系，照顾原住民发展经济和提升生活质量的客观需要，全面协调和合理组织各类空间，实现传统庄寨的可持续保护与发展。

二、调研访谈主要内容

1. 永泰庄寨及庄寨文化的历史、现状和产生的影响作用。
2. 永泰庄寨文化的载体——各个庄寨的概况。
3. 永泰庄寨与其他防御性建筑类型的异同与特色。
4. 永泰庄寨文化著名人物及主要事迹、特点。
5. 永泰庄寨未来的差异化生存策略是什么？
6. 永泰庄寨文化在当地乡村社会发展中能起到的角色。
7. 永泰庄寨存在的问题及问题的形成原因。
8. 当地对永泰庄寨存在的问题有哪些解决建议？
9. 永泰庄寨建设成功做法对其他乡村的启示和推广价值。

三、实地考察与评价

1. 庄寨物质文化遗产保护情况。

（1）对庄寨所在区域的自然生态等环境质量的评价。包括外部环境的美感度和协调度，主要是人地和谐与景观协调；

（2）对单体建筑风格保护的评价。建筑风格的原真度、艺术性；

（3）庄寨内传统街巷走向、布局等中观空间结构的评价，包括街巷肌理的原真度和完整性；

(4)对庄寨整体空间格局保护的评价。包括整体格局的和谐度、关联度与完整性;

(5)对包含建筑物、构筑物在内的承载历史文化信息的各种具象见证实物的评价。包括见证实物的原真度、完整性、丰富度、谱系度和历史地位。

2.庄寨文化遗产的和谐与可持续保护情况。

(1)民俗文化是传统村镇的特有非遗,考察民俗文化的独特性、完整性和历史感;

(2)对建筑物等传统村镇空间利用与再利用的评价,包括空间的利用度、整体价值的保存度、功用转换的和谐度和综合效益;

(3)从以人为本出发,关注当地居民的福祉与感受,包括原住民生活质量、收入水平和主观感受;

(4)公众参与情况;

(5)社会支持情况。

附件2：

永泰庄寨调研问卷

欢迎您参加本次问卷调查。

一、以下信息请直接勾选。

您的性别：○男　○女

您的年龄：○10—20岁　○21—30岁　○31—40岁　○41—50岁　○51—60岁　○60岁以上

您的受教育程度：○小学　○初中　○高中　○本科　○研究生

您是否是本地居民：○是　○不是

您现在仍在庄寨居住吗：○是　○不是

您在本地已居住几代：○一代　○二代　○三代　○四代　○五代及以上

您的家庭年收入情况：○5万以下　○5至10万　○11至15万　○16至20万　○20万以上

二、以下选择题请直接勾选。

1. 您认为永泰庄寨出名是因为什么？（可多选）
○悠久的历史文化
○优美的自然环境
○文物保存良好
○保留着传统建筑格局和历史风貌
○庄寨仅在永泰，数量较多且不少保存完整

2. 您认为永泰庄寨保护成功吗？
○成功
○一般
○不成功

3. 您认为现在永泰庄寨人与自然和谐吗？
○和谐
○不和谐

4. 您对庄寨整体格局的和谐度、完整性保护的评价。

○好

○一般

○差

5. 您认为永泰庄寨保护现在做得怎么样？

○好

○一般

○差

6. 限制永泰庄寨保护性开发的原因，您认为会是什么？

○自然环境已被破坏

○文物保存不好

○传统建筑格局和历史风貌已被破坏

○庄寨分布分散，相互距离较远且交通不便

7. 您认为自己生活的庄寨建筑保护好不好？

○好

○一般

○差

8. 请对您自己生活的庄寨的历史文化进行评价。

○好，非常有价值

○一般，很普通

○差，没什么历史文化

9. 您认为庄寨保护开发的公众参与度如何？

○高

○一般

○较差

10. 您认为社会大众对庄寨保护开放支持吗？

○支持

○一般

○不支持

11. 您认为庄寨保护开发后的生活与之前相比会_____

○更好

○不会有什么大的差别

○更差

12. 您希望怎样改善环境？

○投入资金，加大整治环境的力度

○降低或限制客流量，从源头上减少环境恶化的可能

○请求立法，对污染环境的集体或个人进行罚款

13. 您认为庄寨具有福建名镇名村的风韵吗？

○很有感觉

○一般化

○没啥感觉

14. 您是否支持对庄寨进行旅游业的相关开发？

○支持

○不支持

15. 您的收入主要是来自旅游业吗？

○是

○不是

16. 如果庄寨进行开发，您最看重什么？

○环境保护

○文化资源保护

○生活现状保护

17. 如果开发旅游业需要进行一些拆迁改造，您是否支持？

○支持

○补助合理的话支持

○不支持

18. 您觉得旅游业的开发对永泰庄寨的生活和环境影响大吗?
○很大
○一般
○没什么影响

19. 您是否认为旅游业开发最重要的是价值能增加收入?
○是
○不是

20. 您认为目前庄寨旅游开发成功吗?
○成功
○一般
○不成功

21. 您是否认为旅游商业发展会使当地文化受到冲击
○是
○没感觉
○不是

22. 您认为永泰庄寨旅游的最大特色是什么?
○体验当地民风俗
○感受名镇名村慢生活
○欣赏人文建筑
○感受悠久历史熏陶
○品尝当地美食
○购买当地特产(非食品)
○其他
○您的补充:

三、以下问答题请直接作答。

23. 您认为永泰庄寨与省内外其他地方防御性建筑相比有何特色?

24. 您认为永泰庄寨在知名度上不如土楼等建筑的原因是什么?

25. 您认为永泰开发庄寨旅游的优势是什么?

26. 您认为永泰开发庄寨旅游的劣势是什么？
27. 您认为要如何开发旅游？
28. 您对改变永泰庄寨较分散且交通不便状态有什么良策？
29. 永泰庄寨文化有什么独特的民俗和手工技艺？
30. 历史上永泰庄寨有哪些知名的抵御土匪侵扰事件？
31. 您知道的庄寨乡绅名人有哪些？
32. 庄寨有哪些口口相传的故事？
33. 庄寨的独特家风有哪些？
34. 您认为永泰各个乡镇在文化创意产业方面都有什么特色？
35. 您对永泰庄寨保护和开发有哪些方面的建议和意见？

附件3：

永泰庄寨调研问卷统计分析

本次社会调查发放了330份调查问卷，回收310份，有效问卷297份。以下是相关问题数据的统计分析：

本次社会调查男性占比略多，占57.91%。各年龄段人数(从10岁到60岁以上)分布均匀。受教育程度依次为高中最多，初中次之，再次本科。被调查者约84.85%为本地人，92.59%已经不在庄寨居住，尽管他们有58.25%的人已经在本地居住五代以上。85.19%的人家庭年收入在10万元以下。

被调查者认为永泰庄寨出名原因占前三位的原因分别是历史文化悠久、保留着传统建筑格局和历史风貌、优美的自然环境。认为永泰庄寨保护成功的占48%，认为保护一般的占50.5%。调查显示认为庄寨人与自然和谐的占92.9%。对于限制永泰庄寨保护性开发的原因，排在前三位的是庄寨分布分散，相互距离远且交通不便；文物保存不好；自然环境已被破坏。被调查者认为庄寨保护开发公众参与度一般占55%，参与度高占40%。普遍认为大众会支持庄寨保护开发的占82%，认为保护开发后的生活会比之前更好的占82%。希望通过投入资金改善环境的占69%，希望通过立法加强管理的占20.5%。支持对庄寨进行旅游开发的占95.3%，但若拆迁需补助合理才能支持的占57.6%，认为开发最重要的价值是能增加收入的占68.3%。

在简述题方面，被调查者普遍认为庄寨没有像土楼那样闻名于世是因为发现晚、重视晚，宣传不够，经济投入不够，庄寨过于分散且交通不便。被调查者对于永泰的独特民俗和手工技艺都很熟悉，但对于庄寨著名人物和故事却不太熟悉，显示出加强庄寨文化内涵的整理和挖掘以及普及相关知识的重要性。对于如何开发，被调查者普遍希望政府加大庄寨保护资金的投入，通过道路建设改善交通条件，以吸引大公司合作。

本次调研问卷显示，绝大多数被调查者认为永泰庄寨具有很大保护开发价值，也支持保护开发，期望在保护开发中获利，并在保证合理补助的情况下支持拆迁等改造措施，但永泰庄寨开发仍处在初级阶段，硬件和软件仍有待整理和加强，硬件是政府投入资金保护好知名庄寨的原貌，软件是庄寨文化内涵的挖掘和弘扬。而在保护与开发庄寨的过程中，永泰遇到的一个困境是庄寨知名度越来越高，但政府保护开发资金却并不充裕，同时居民虽然认同庄寨的历史文化并看好经济前景，却并不愿意住在庄寨里。被调查者普遍把希望寄托于政府加大资金投入和大公司的参与。

附件4：

调查问卷统计表

您的性别（单选题）：

选项	小计	比例
男	172	57.91%
女	125	42.09%

您的年龄（单选题）：

选项	小计	比例
10—20岁	49	16.5%
21—30岁	40	13.47%
31—40岁	60	20.2%
41—50岁	45	15.15%
51—60岁	49	16.5%
60岁以上	54	18.18%

您的受教育程度（单选题）：

选项	小计	比例
小学	53	17.85%
初中	73	24.58%
高中	105	35.35%
本科	61	20.54%
研究生	5	1.68%

您是否是本地居民（单选题）：

选项	小计	比例
是	252	84.85%
不是	45	15.15%

您现在仍在庄寨居住吗（单选题）：

选项	小计	比例
是	22	7.41%
不是	275	92.59%

您在本地已居住几代（单选题）：

选项	小计	比例
一代	25	8.42%
二代	18	6.06%
三代	40	13.47%
四代	41	13.8%
五代及以上	173	58.25%

您的家庭年收入情况（单选题）：

选项	小计	比例
≤5万	125	42.09%
>5且≤10万	128	43.1%
>10且≤15万	22	7.41%
>15且≤20万	11	3.7%
>20万	11	3.7%

1. 您认为永泰庄寨出名是因为什么？（多选题）

选项	小计	比例
悠久的历史文化	252	84.85%
优美的自然环境	184	61.95%
文物保存良好	150	50.51%
保留着传统建筑格局和历史风貌	203	68.35%
庄寨仅在永泰数量较多且不少保存完整	123	41.41%

2. 您认为永泰庄寨保护成功吗？（单选题）

选项	小计	比例
成功	143	48.15%
一般	150	50.51%
不成功	4	1.35%

3. 您认为现在永泰庄寨人与自然和谐吗？（单选题）

选项	小计	比例
和谐	276	92.93%
不和谐	21	7.07%

4.您对庄寨整体格局的和谐度、完整性保护的评价。（单选题）

选项	小计	比例
好	137	46.13%
一般	155	52.19%
差	5	1.68%

5.您认为永泰庄寨保护现在做得怎么样？（单选题）

选项	小计	比例
好	143	48.15%
一般	150	50.51%
差	4	1.35%

6.限制永泰庄寨保护性开发的原因，您认为会是什么？（多选题）

选项	小计	比例
自然环境已被破坏	92	30.98%
文物保存不好	121	40.74%
传统建筑格局和历史风貌已被破坏	62	20.88%
庄寨分布分散，相互距离较远且交通不便	191	64.31%

7.您认为自己生活的庄寨建筑保护好不好？（单选题）

选项	小计	比例
好	112	37.71%
一般	173	58.25%
差	12	4.04%

8.请对您自己生活的庄寨的历史文化进行评价。（单选题）

选项	小计	比例
好，非常有价值	212	71.38%
一般，很普通	82	27.61%
差，没什么历史文化	3	1.01%

9.您认为庄寨保护开发的公众参与度如何？（单选题）

选项	小计	比例
高	120	40.4%
一般	164	55.22%
较差	13	4.38%

10. 您认为社会大众对庄寨保护开发支持吗？（单选题）

选项	小计	比例
支持	244	82.15%
一般	50	16.84%
不支持	3	1.01%

11. 您认为庄寨保护开发后的生活与之前相比会如何？（单选题）

选项	小计	比例
更好	244	82.15%
不会有什么大的差别	53	17.85%
更差	0	0%

12. 您希望怎样改善环境？（单选题）

选项	小计	比例
投入资金，加大整治环境的力度	207	69.7%
降低或限制客流量，从源头上减少环境恶化的可能	29	9.76%
请求立法，对污染环境的集体或个人进行罚款	61	20.54%

13. 您认为庄寨具有福建名镇名村的风韵吗？（单选题）

选项	小计	比例
很有感觉	188	63.3%
一般化	82	27.61%
没啥感觉	27	9.09%

14. 您是否支持对庄寨进行旅游业的相关开发？（单选题）

选项	小计	比例
支持	283	95.29%
不支持	14	4.71%

15. 您的收入主要是来自旅游业吗？（单选题）

选项	小计	比例
是	16	5.39%
不是	281	94.61%

16. 如果庄寨进行开发，您最看重什么？（多选题）

选项	小计	比例
环境保护	185	62.29%
文化资源保护	226	76.09%
生活现状保护	95	31.99%

17. 如果开发旅游业需要进行一些拆迁改造，您是否支持？（单选题）

选项	小计	比例
支持	87	29.29%
补助合理的话支持	171	57.58%
不支持	39	13.13%

18. 您觉得旅游业的开发对永泰庄寨的生活和环境影响大吗？（单选题）

选项	小计	比例
很大	177	59.6%
一般	95	31.99%
没什么影响	25	8.42%

19. 您是否认为旅游业开发最重要的是能增加收入？（单选题）

选项	小计	比例
是	203	68.35%
不是	94	31.65%

20. 您认为目前庄寨旅游开发成功吗？（单选题）

选项	小计	比例
成功	112	37.71%
一般	169	56.9%
不成功	16	5.39%

21. 您是否认为旅游商业发展会使当地文化受到冲击（单选题）

选项	小计	比例
是	104	35.02%
没感觉	96	32.32%
不是	97	32.66%

22.您认为永泰庄寨旅游的最大特色是什么？（多选题）

选项	小计	比例
体验当地民风民俗	224	75.42%
感受名镇名村慢生活	139	46.8%
欣赏人文建筑	152	51.18%
感受悠久历史熏陶	179	60.27%
品尝当地美食	112	37.71%
购买当地特产（非食品）	95	31.99%
其他	34	11.45%
您的补充内容	54	18.18%

以下简述题：

23.您认为永泰庄寨与省内外其他地方防御性建筑相比有何特色？

24.您认为永泰庄寨在知名度上不如土楼等的原因是什么？

25.您认为永泰开发庄寨旅游的优势是什么？

26.您认为永泰开发庄寨旅游的劣势是什么？

27.您认为要如何开发旅游？

28.您对改变永泰庄寨较分散且交通不便状态有什么良策？

29.永泰庄寨文化有什么独特的民俗和手工技艺？

30.历史上永泰庄寨有哪些知名的抵御土匪侵扰事件？

31.您知道的庄寨乡绅名人有哪些？

32.庄寨有哪些口口相传的故事？

33.庄寨的独特家风有哪些？

34.您认为永泰各个乡镇在文化创意产业方面都有什么特色？

35.您对永泰庄寨保护和开发有哪些方面的建议和意见？

四、2019年调研课题

打造新时代有福之州幸福之城的闽都文化支撑研究

【摘要】加快建设新时代有福之州幸福之城,是当前中共福州市委、福州市政府的中心工作。"第44届世界遗产大会""世界城市日中国主场活动"承办权落地福州,充分说明福州的城市影响力不断扩大。文化作为有福之州幸福之城建设的一个重要指标,体现了加快建设有福之州幸福之城的追求和价值。我们延续几年来在研究闽都文化与福州新区、滨海新城和福州城市化进程的关系的成果基础上,对闽都文化在建设有福之州幸福之城的进程中发挥的重要作用进行深入探讨。从我们调研的情况看,当前福州的文化保护、建设和发展取得令人瞩目的成效,群众的文化幸福感、获得感不断增强,但对标先进城市,也存在文化共识性有待增强、城市文化特征不明显、文化品牌比较松散等问题,要在整合闽都文化研究资源、强化公共文化服务机制建设、保护闽都历史风貌、创新推动闽都文化技艺传承、打造特色文化旅游品牌、创建文明城市大格局等方面进一步强化闽都文化支撑作用。

【关键词】有福之州;幸福之城;闽都文化;支撑

加快建设新时代有福之州幸福之城,是当前中共福州市委、福州市政府的中心工作。文化作为有福之州幸福之城建设的一个重要指标,是人们获得幸福的基本条件,体现了加快建设有福之州幸福之城的追求和价值。我们通过探讨闽都文化在加快建设新时代有福之州幸福之城进程中所发挥的作用,以期为福州文化建设和发展提供一些借鉴。

一、闽都文化在建设新时代有福之州幸福之城的过程中发挥着重要的作用

幸福城市是一个全方位的概念，包括政治、经济、社会、文化、环境各个方面。"幸福城市"简单而言，就是能让居住在这个城市中的人们体验到幸福感、获得感的城市。福州着力挖掘和弘扬悠久、厚重的闽都历史文化，建设新时代有福之州幸福之城的举措可谓是顺应时代的呼唤和人民的需求。

（一）文化是幸福城市的灵魂

文化与幸福城市在城市发展情况、价值取向以及社会进步等方面形成了一种相互促进，共同发展，辩证统一互助关系。福州作为历史文化名城，在加快建设新时代有福之州幸福之城的征程中，既要实现政治经济的进步，也要注重社会民生事业的发展，更要注重历史文化的传承。

（二）闽都文化是建设新时代有福之州幸福之城的动力和源泉

文化是一个城市最持久、最深沉、最厚重的力量，是一座城市生命张力与底蕴的内在支撑，是城市的独特印记。幸福城市需要通过文化的浸润，用文化来引领城市居民的精神家园，使市民具有感知幸福的能力，增强归属感、自豪感与认同感。闽都文化作为福州在长期的经济、政治和社会发展过程中形成的一种地域文化，积淀深厚、内涵丰富，是福州的根之所系，脉之所在。进入新时代，中共福州市委、福州市政府坚持以人民为中心的发展思想，在大力发展经济、提高人民生活水平的同时，把最大限度地满足人民精神文化需求作为工作的出发点和目标，积极传承弘扬闽都优秀历史文化，加大文化保护力度，创新服务方式，努力为群众享受文化权益搭建平台。"福州古厝保护和文化传承论坛"的成功举办、"第44届世界遗产大会"举办权落地福州，标志着福州的文化传承保护迈上新台阶；海峡文艺中心、福州市图书馆新馆等一大批文化设施建成开放，三坊七巷、上下杭、烟台山、冶山等历史文化街区（风貌区）保护修复的陆续开展，《福州通史简编》等一批闽都文化专著出版及《福州通史》编纂工

作的启动，闽剧、评话、伬唱等传统戏曲曲艺进一步振兴，非物质文化遗产传承保护不断推进，公共文化服务体系建设持续完善，文化发展环境不断优化，福州连续三届荣膺全国文明城市称号，文化以无可替代的滋养力量，为福州的发展提供了强劲的动力，增强了福州的文化自信，丰富了群众的文化生活，不断提升福州市民的幸福指数。

(三) 闽都文化体现了建设新时代有福之州幸福之城的价值取向

幸福城市作为一种人们对城市化建设的认知和评价，突出了"以人为本"的宗旨，因此必然在一定程度上反映了人们价值观的问题，文化作为一种意识形态，起着引导社会价值观、凝聚力量的重要作用，是能够满足人们内心的精神支撑，在构建幸福城市中占据着不容小觑的地位。没有高度的文化自信和获得感，就没有城市文化发展的目标和精神动力，就无法满足构建一座幸福城市的价值诉求。福州作为一座拥有2200多年建城史的历史文化名城，"开先、包容"的闽都文化特质塑造了福州开放、有容乃大的文化特征，培育了重教尚商、善于变革的文化精神，推动了中国的近代化进程；敢为人先、乐于奉献、奋力争取的海洋文化，成为推动福州开放发展的精神依托；拗九等丰富多彩的民俗文化是福州的城市记忆，也是城市认同的传承纽带；三坊七巷、寿山石文化等独特的文化品牌诉说福州的文化传奇。这些闽都文化所独具的精神和特质，一直产生一种巨大的向心力和亲和力，激发了福州人的荣誉感和自豪感，是加快建设新时代有福之州幸福之城的重要支撑。

(四) 闽都文化丰富着建设新时代有福之州幸福之城的内涵

有福之州，幸福之城建设作为一个综合指标，意味着城市建设与发展不再仅仅追求空间的扩展、规模的扩大、人口的增加、经济的繁荣，更多的是追求城市居民的精神世界，追求人的一种生活状态。因此城市的发展与建设不再是经济建设与发展的一条腿走路，而是经济、社会、文化、环境等方面的综合发展。闽都文化包含了历史建筑文化、名人文化、民俗文化、宗教文化、华侨文化等极具福州特色的文化形态和元素，对于促进福州城市文化建设、旅游产业发展、吸引外来人才资金、提升文明创建水平、营造和谐的社会氛围和人际关系，发挥着不可替代的重要作用。要把闽都文化有效融入有福之州幸福之城的建设，让福州富含闽都文化元素，凸显闽都文化内涵，体现闽都文化情怀。

二、开展实地座谈、问卷调查的情况

本次课题调研过程中，课题组先后到福州六区进行实地座谈、开展问卷调查，重点在于分析市民对于福州的文化传承保护、文化建设等方面的意见，归纳总结提出当前市民对于福州打造幸福之城的文化诉求。座谈会邀请了文化工作者、社区居民、文化爱好者、文化志愿者等不同对象，问卷调查采取网络问卷和随机抽样问卷两种方式进行，调查对象为年龄在18周岁以上且居住在本地一年以上的城市居民，包括了不同年龄、不同学历、不同职业等各类人群。回收的问卷有300份，问卷的构成要素主要包括市民对福州的城市文化形象、闽都文化挖掘保护、公共文化服务体系建设、文化产业建设、城市文明建设、文化旅游融合发展等方面的满意度。

从座谈的情况看，大家认为，近年来，中共福州市委、福州市政府高度重视文化保护和建设工作，积极采取有力措施推动文化保护和开发建设，成效明显，群众的文化获得感、幸福感持续增强。主要体现在：历史文化保护不断深化。注重落实习近平总书记在福建、福州工作期间有关福州古厝等历史名城保护的科学理念与具体实践，由点及面地推进保护利用工作，从街区扩展至历史文化名城范畴，不断延续城市历史文脉，留住城市文化基因。"福州古厝保护和文化传承论坛""第44届世界遗产大会""第十六届中国戏剧节""闽都文化论坛"等一大批重大文化交流活动，于山历史风貌区、鳌峰坊历史文化街区、中山路传统文化街巷等文化保护项目建设，《福州通史》"三坊七巷"丛书等反映福州历史文化专著，不断提升了福州城市形象，彰显了城市文化特色。公共文化服务能力不断增强。以创建第三批国家公共文化服务体系示范区为抓手，大力实施文化设施提升工程、文化惠民服务工程等，公共文化服务能力进一步增强，有效地丰富了福州城乡居民的精神文化生活。文化艺术精品不断涌现。深入挖掘丰富的闽都文化遗产资源,创作生产了一批思想性、艺术性、观赏性俱佳,体现时代特征、富有闽都特色的精品力作,努力讲好福州故事,参与拍摄的电视剧《原乡》获得广泛关注,电视纪录片《船政学堂》、闽剧《兰花赋》《林则徐与王鼎》等31个剧目(节目)获国家级奖项。对外文化交流不断拓展。依托丰富的闽都文化资源,积极搭建各种交流活动平台,"丝绸之路国际电影节""榕情四海经贸文化交流推介""海峡两岸合唱节""闽都文化书画摄影艺术巡回展"等文化交流活动进一步扩大了福州的影响力。文化旅游融合进程不断加快。加入海上丝绸之路保护和联合申遗城市联盟,"乐游福州"、海丝旅游节的影响力持续扩大,"有福之州 幸福之城"旅游品牌持续打响。

从问卷调查的情况看,市民对福州的文化保护和建设成效给予充分肯定,市民文化幸福感较强。在回收的300份问卷中,认为福州的文化保护和建设"很有成效"的有196份,占总数的65.3%;"较有成效"的有87份,占总数的29%;"一般成效"的有14份,占总数的4.7%。认为福州的文化幸福感"很强"的有156份,占总数的52%;"较强"的有112份,占总数的37.3%;"一般"的有28份,占总数的9.3%。从以上情况看,认为"福州文化保护和建设成效显著"的占绝大多数("很有成效"和"较有成效"合计有283份,占比率94.3%);相比之下,"福州的文化幸福感"的问卷指标相对弱些("很强"与"较强"合计有268份,占比率89.3%)。

在座谈和问卷调查中,参与对象对福州建设新时代有福之州幸福之城的文化保护和建设给予高度肯定的同时,也就进一步推动福州城市文化建设,提升市民文化幸福感存在的问题提出了许多意见和建议。主要体现在以下七个方面。

(一)文化共识性还有待进一步增强

福州作为开放的城市,随着经济文化来往范围的不断扩大,外来人员的不断增多,打破了原本血缘、亲缘、地域的局限,产生了更多的人际交往。在交往中产生了外来文化的引进与自身地域文化的交融,现代文化与传统文化的碰撞。在自身文化与外来文化,传统文化与现代文化的交融碰撞中，很可能无法迅速达成共识，导致了文化与社会发展不同步的现象，闽都传统文化地位下滑，对青年人吸引力下降，年轻的一代更加热衷于一些"洋快餐"，倾向于过西方的节日。同时，外来文化随着时代的发展不断融合渗透，也使传统文化面临着被边缘化的局面。如许多孩子都讲不好福州方言等。

(二) 城市文化特征还不够明显，文化品牌还比较松散

许多学者认为，福州一直以来作为福建的首府，不仅聚集着八闽政治经济文化的精英，也汇集着闽地文化之大成，闽都文化的地位和作用是其他文化不可替代的。但是目前还缺乏深度系统的挖掘，城市文化特征不明显，文化品牌还比较松散，还没有形成系统性的地方文化理论和标识，缺乏统一的闽都文化品牌合力，难以显现出独特魅力。福建省其他城市，如南平主打朱子文化品牌、泉州主打闽南文化品牌、莆田主打妈祖文化品牌的一些经验值得借鉴。

(三) 城市文化氛围还不够浓厚

社会成员缺乏参与文化建设的主动性。城市文化保护建设是个系统工程，主体应该是多元的，既包括城市文化和旅游部门，也包括城市各社区、居委会和街道办事处、企业和家庭，更包括广大的市民。但目前福州的城市文化保护建设模式多是政府推动型，市民自身对闽都文化缺乏热情，参与的广度和深度不够。

(四) 基层公共文化服务机制建设还有待完善

城市群众文化服务资源较为健全，但存在文化专业人员不多、活动形式较为单一等问题；农村群众文化服务设施相对薄弱。缺乏多样化的文化活动载体，难以调动所有群众的参与热情。文化惠民是全民参与的工作。虽然福州市已经采取了比较多的活动形式来极力推动全民参与，但公共文化产品和服务的供给与群众的文化需求之间存在一定的脱节。如社区文化发展缺乏后劲，社区文化建设的运作过程中，基本是把社区文化内涵定位在组织群众说说唱唱、蹦蹦跳跳，不太重视社区文化向纵深发展和社区人文精神的营造，社区文化缺少特色，文化活动内容雷同，没有发掘自己

独有历史文化传统和人文精神。再如一些基层文化馆、图书馆藏书量少，借阅者不多；文化馆文化活动不多，群众参与热情度不高。

(五) 文化资源开发利用还不够合理

对闽都文化的内涵挖掘不够，文化资源结构和布局还不够清晰，存在着"三多三少"的现象，即"对有形资源重视多，对无形资产利用少；对现有资源使用多，对潜在资源挖掘少；对自家资源管得多，对盘活资源协商少"。非物质文化遗产的活化利用不够，缺乏推动非物质文化遗产开发转化产业的载体和平台。

(六) 市民的文明素质还有待提高

近年来，福州市加大文明城市的创建力度，连续三届荣膺全国文明城市称号，市民的文明素质有很大的提高，但随意乱扔杂物、烟头，开车（包括电动车）抢道、占道、乱停乱放、闯红灯；在大街、绿地上随意遛狗等不文明行为依然可见，不同程度上影响了福州城市的形象和环境。

(七) 文化旅游资源还缺乏整合与有效利用

福州旅游资源非常丰富，拥有得天独厚的山海等自然景观和悠久深厚的文化，自然风光与人文景观交相辉映，特色明显。但目前开发和利用缺乏整合，仍然只是局限于现有文化景点的利用，文化内涵挖掘不够，项目形式单一，文化景点规模小而分散，大型文化旅游活动的地方特色不够明显。休闲文化旅游产品种类少，个性不鲜明。特别是文化观光旅游、健康保健旅游、美食旅游等产品则更少，难以适应旅游者多层次的需求。有些文化景区缺乏可持续发展内涵，没有对传统文化资源进行现代意义上的创新性组合开发，没有发挥最佳优势。

三、其他城市在做好文化传承保护开发，增强群众的文化幸福感、获得感的经验

近年来，全国各地城市纷纷加大挖掘城市文化特色，彰显文化底蕴，增强群众文化幸福感、获得感的工作力度。这些城市的经验对于我们更好地发挥闽都文化作用，推动福州建设新时代有福之州幸福之城有着一定的借鉴

作用。

　　济南市提出幸福城市建设要着力打造文艺精品，凝聚力量，提供动力。一是强化文化人才培养。制定了"济南市引进培养扶持文化艺术优秀人才百人行动计划的实施办法和细则"，计划用3-5年时间引进培养百名优秀艺术人才，打造门类齐全，结构合理的高层次文艺人才队伍。二是强化文化品牌效应。策划推出"相约大剧院·欢乐满全城"公益演出季、"走进百年北洋·尽享戏曲风采"惠民演出季、"齐风鲁韵"系列文艺演出等一系列文艺演出品牌，丰富和活跃市民文化生活。三是强化智慧文化建设。市、县图书馆及分馆实现借阅"一卡通"，举办"书香泉城"全民阅读节，开办了24小时泉城书房，设立汽车流动图书馆，构建了资源共享，优势互补的新型图书馆联合体，让阅读触角延伸到城市的每个角落。以"互联网+服务"的新思维开展"扫码看书，百城共读"阅读公益活动。四是强化非遗文化创新保护。启动实施非遗活态传承八大工程（市级代表性传承人提升工程，非遗传承人公开招聘学员工程，非遗传承与学校教育融合工程，非遗传承示范社区建设工程，非遗历史文化展示工程，传统工艺振兴工程，传统舞蹈活力在线工程，非遗保护项目重大资助工程），进一步激活非遗文化创新保护活力。

　　南京市提出幸福城市建设要以合理利用人文历史，树立美好形象为特色。采取强有力的措施对文化资源进行保护和振兴，树立南京历史文化品牌。一是加强文物法规体系建设。在城市更新改造中，严格划定文物保护范围，切实加强对历史建筑、名人故居、革命史记等文化遗产的保护力度。同时，还要定期开展文物，历史建筑等普查工作，并且形成制度。二是推动文化资源的科学转化。围绕提升城市生活品质，统一对外展示形象，精心打造城市品牌，扩大知名度和影响力，提高文化展示水平。一方面可以促进文化资源的科学转化，赋予南京文化内涵，引领南京旅游业的发展，从而带动经济的发展。另一方面，也加强了非物质文化遗产的传承。

　　天津市提出幸福城市建设让文明因子融入城市血脉，制定了《天津市文明城市创建工作方案》和《天津市全域创建文明城市三年行动计划

（2018—2020年）》《天津市文明行为促进条例》，对文明列出了"正面清单"和"负面清单"，从文明行为基本规范入手，以法治的刚性和硬度推动文明生活方式和文明行为习惯的养成，着力打造全域创建文明城市大格局，让文明指数成为"幸福指数"。

成都市提出幸福城市建设要坚持用"天府文化"引领，着力塑造城市特色，彰显城市魅力。一是突出培育城市文化品牌，传扬城市美誉。坚持全球视野、创新思维，建成一批重大文化艺术地标项目，聚集一批文化名家和文创人才，培育一批国际型文化企业和文创品牌，着力打造世界文创名城、旅游名城、赛事名城和国际美食之都、音乐之都、会展之都"三城三都"，把成都建设成为"蜀风雅韵、中国气派、别样精彩"的世界文化名城。二是突出彰显城市文化特质，统筹协调城市发展与历史文化保护关系。强化文化遗产保护规划理念，注重敬畏城市文脉，以创新创意为手段，深入挖掘文化遗产价值与内涵。深度挖掘美食文化附加值，研究、保护、传承餐饮"老字号"文化和技艺，凸显以川菜文化为代表、中外美食荟萃的国际美食之都魅力。传承音乐历史文化，打造中国原创音乐生产地、音乐设施设备和乐器集散地、音乐版权交易地、音乐展演汇聚地和城市音乐休闲旅游目的地。

四、加快建设新时代有福之州幸福之城的文化支撑的建议

福州要加快建设新时代有福之州幸福之城，要着力厚植历史文化优势，坚定文化自信，大力激扬闽都文化，为福州经济社会发展提供强大的文化支撑，让福州因文化而美丽、让人民因文化而幸福。根据当前市民对于福州建设新时代有福之州幸福之城的文化诉求，结合外地城市建设幸福之城的经验，提出福州建设新时代有福之州幸福之城的文化建设的建议。

（一）整合闽都文化研究资源，打响闽都文化品牌

文化品牌是昭显地域存在的强烈符号，代表了一个地区、一个国家的形象和实力。打造文化品牌对于提升文化软实力、增强凝聚力具有重要意义。闽都文化历史悠久、内涵丰富，是中华优秀传统文化的重要组成部

分。其内容涉及历史、哲学、社会、经济、语言、艺术、教育、建筑、医药、民俗等诸多领域。通过对福州历史文化发展脉络的梳理，我们可以了解中国传统文化所具有的社会价值和人文情怀。闽都文化是当下福州乃至福建文化繁荣和经济社会发展具有重要借鉴意义的丰富资源。要进一步整合闽都文化资源，凝聚全社会力量和共识，共同打响闽都文化品牌。一是强化政府主导作用。各级各部门要自觉树立一盘棋思想，积极将三坊七巷文化、船政文化、寿山石文化等地域特色文化品牌纳入到闽都文化品牌的总体布局中，制定好闽都文化保护发展战略，积极引导全社会关注闽都文化、热爱闽都文化，形成良好的闽都文化宣传氛围，不断扩大闽都文化影响。二是整合闽都文化研究资源，围绕扩大文化品牌的影响力、增强文化艺术的创新力、拓宽公共文化的辐射力、提升文化产业的竞争力、深化文化的传承力、提高文化市场的扩张力等方面进一步加强闽都文化品牌的系统性理论研究，着力打造特色鲜明的闽都文化品牌。三是要加强舆论引导。要充分运用闽都文化的最新研究成果，加强闽都文化宣传普及，深入开展"闽都文化进校园""闽都文化进社区""闽都文化进农家书屋"等活动，努力提升闽都文化的地位。四是发挥社会组织作用。重视调动社会组织的积极性，充分发挥其对外联系广、工作形式多样化的优势，大力推动闽都民间文化交流活动。要鼓励高水平的学术团体、文化团体参与闽都文化学术研究，打造具有浓郁闽都风情和福州地域特色的文化产品。大力推动"闽都文化走出去"，更好地推动闽都文化走向世界，促进闽都文化在深度交流交融中实现繁荣发展。五是打造城市数字文化新高地。数字文化已成为我国文化软实力崛起的历史机遇，要大力推进"科技＋文化"融合创新，大力培育游戏、动漫等数字文化产业，推动创新转化，树立闽都特色文化品牌，激发福州城市文化活力。

(二) 强化公共文化服务机制建设，提高群众对公共文化服务的满意度

要坚持以人民为中心的工作导向，进一步完善公共文化服务体系，探索建立群众评价和反馈机制，推动文化公共服务项目与群众文化需求有效对接。按照"政企分开、政事分开"原则，推动政府部门由办文化向管

文化转变。一是建立以群众满意度为导向的公共文化服务绩效评估机制。在重大公共文化政策、项目的制定上，广泛吸纳民意，充分征求意见，多形式、多渠道了解市民的文化需求，及时进行分析、反馈和评价，让公众参与决策，形成良好的双向沟通互动。二是加强对文化公共服务的政绩考核。各级党委政府要加大对文化公共服务的考核，对与文化公共服务相关的软硬件指标进行细化、量化，形成可操作性的制约和导向。三是多方筹措资金用于文化公共服务，要以公共文化设施建设为契机，以丰富社区文化为载体，以流动文化设施和数字文化服务为补充，让更多的群众享受到丰富便利的现代化文化服务。要建立刚性的财政投入保障机制，不断提高公共文化支出占财政支出比例，重点保障开展基本公共文化服务所需经费。要整合社会资本，形成社会共建机制。按照"引入竞争机制，推动公共文化服务社会化发展。鼓励社会力量、社会资本参与公共文化服务体系建设，培育文化非营利组织"的原则，积极引导社会力量以文化赞助、文化捐赠等方式参与文化投入，实现投入社会化，弥补政府财力不足的缺陷。四是加强人才培养和队伍建设，增强文化公共服务活力。文化的发展归根到底要靠人才。要把人才队伍建设作为文化公共服务的基础性工作，抓紧制定文化人才奖励实施办法，建立人才引进制度。重点引进和培养文化经营管理人才、策划人才、专业艺术人才、文化科技人才和优秀民间传统文化项目继承人；加强鼓励和支持市图书馆等文化单位，通过邀请、聘任、兼职等形式，多渠道引进高层次文化人才。依托市群众艺术馆，加强业余文化队伍建设，通过教育培训、开展活动等各种有效形式，不断提高基层公共文化队伍的业务水平。

(三)着力传承闽都历史风貌，提供可感知可触摸的福州城市文化记忆

城市风貌作为城市文化的重要载体，既承载城市的过去，也为城市的发展提供深厚的文化积淀与源源不绝的文化滋养。要以《人民日报》重新刊发习近平总书记为《福州古厝》作序和举办"福州古厝保护和文化传承论坛""第44届世界遗产大会"为契机，着力传承闽都历史风貌，提供可感知可触摸的福州城市文化记忆，激发当代活力，为"文化闽都"增添

魅力底色。一是讲好"福州古厝"故事。福州古厝蕴含着闽都厚重的历史积淀和文脉基因,是延续闽都文化的重要载体。要进一步系统挖掘福州古厝所承载的历史故事和文化遗产、人文精神,加大宣传力度,让福州古厝"活"起来,增强福州文化自信。二是深化历史文化街区建设,提升历史文化街区的内涵。要在建设15个历史文化街区的基础上,进一步总结经验,坚持保护和开发并重的原则,加强规划引导,从区域整体出发,少改变多保留,进行功能定位,提升基础设施,补充公共服务。要围绕讲好"闽都故事",留住闽都乡愁和记忆的目标,保护好城市的历史肌理和文化生态,留住原住民,改善居住条件,实现建筑共生、居民共生、文化共生。要抓好消费型公共空间改造,优化升级商业业态,注入文化内涵,增强消费带动力。三是精心打造文化步行径。福州的历史建筑资源具有碎片化的特点,需要用文化路径的方式串联起来。国内外有很多著名文化径的案例,比如波士顿自由之路将波士顿16处历史文化遗迹串联起来,全长约4公里,适合一天游览,沿途大小各异的公园为步行增添了亲近自然,在行走中感受城市特色文化的机会。要充分利用三坊七巷、上下杭、烟台山等历史文化街区丰富的内涵和价值,与周边的特色文化资源串联起来,通过标志牌、景观小品、地面铺装等方式,彰显文化路径的特色,在行走中感受闽都文化的特色和底蕴,扩大历史文化街区辐射力。四是开展品味街巷活动。福州作为历史文化名城,每一条小巷都有属于自己的故事。要收集整理街巷历史数据资料,制作阅读导览系统,通过开展品味街巷活动,只要扫一扫二维码就可以聆听街巷故事,了解闽都历史,让小巷开口"说话",打造可阅读、可漫步的闽都特色街巷。五是深化社区文化品牌建设。将社区的人文特色与街道文化街区的建设目标相结合,围绕着历史人物、历史建筑、历史故事等内容,开展社区历史探秘等活动,大力挖掘社区文化资源,建立起"美美与共、各有其美"的社区公共文化品牌。

(四)激活创新活力,推动闽都文化技艺焕发生命力

福州历史悠久,智慧勤劳的福州先民为我们留下了诸多宝贵的非物质文化遗产。独具特色魅力的闽剧、十番音乐、评话、伬艺、寿山石雕、脱胎漆器髹饰技艺、软木画、聚春园佛跳墙制作技艺等蜚声海内外。要着力创新，激活闽都文化技艺在新时代焕发强大生命力。一是开展"闽都'老字号'创新创业行动"。发挥福州高校、研究机构多的优势，组织高校和研究机构，以福州"老字号"品牌为研究课题，通过校企合作的方式，开展"闽都老字号创新创业行动"，对"老字号"品牌进行创新设计，使闽都"老字号"焕发新活力。二是打造非遗文化体验平台。学习借鉴济南经验，建设闽都非物质文化遗产展示中心，承担福州非物质文化遗产展示展演、体验互动等方面的功能，打造福州非遗文化体验示范平台。针对非遗传人大部分文化程度较低，接受新事物较慢的特点，组织实施非遗活态传承工程，动员高校和有资质的文化创意设计公司参与非遗创新工程，实现由制造向创造转化，形成以文化牵引的衍生品牌，进一步激活非遗文化遗产创新保护活力。

(五) 整合资源，打造闽都特色文化旅游品牌

一是打造"远看蓝天碧水、近看人文天地"的闽都特色文化旅游品牌，充分发挥福州的生态和人文优势，进一步挖掘闽都文化内涵，着力打造一系列集文化展示、美食体验、温泉度假为一体的文化开放式、体验型的闽都文化旅游精品，为旅游注入文化活水。二是结合乡村振兴战略，大力发展健康养生、休闲度假、民俗体验等特色旅游品牌，促进旅游交通、乡村民宿、旅游厕所等配套设施建设，提高乡村文化旅游品质。三是增加城市的旅游文化内涵。许多城市都有反映本身文化底蕴的大型文化旅游精品演出品牌，如杭州的《宋城千古情》、桂林的《印象刘三姐》等，已经成为当地不可缺少的文化旅游精品节目，对于宣传当地文化底蕴，推动旅游发展起到良好的作用。要打磨推出如《闽都风韵》等具有鲜明福州特色，反映闽都文化底蕴，符合旅游消费特点的演艺产品，增加福州的旅游文化内涵。

(六) 以文化塑造文明城市形象，打造文明城市创建新格局

文明城市建设是弘扬闽都文化的重要载体，需要闽都文化的涵养和支持。要坚持以文化塑造文明城市形象，着力打造全域创建文明城市大格

局，让文明指数成为"幸福指数"。一是加大道德实践力度，传承闽都文化传统美德。充分运用闽都文化，进一步总结凝练闽都文化所蕴含的积极因素，注重把闽都传统的节庆文化、民俗文化与现代文明有机融合，既要传承其传统内涵，更要注重创新发展，使其与时代同频共振，赋予其新的时代意义。比如"邻里节""拗九节"等传统文化习俗承载着福州人和睦相处、团结协作、共同发展的文化记忆和精神追求，体现了中华民族的"和合"文化属性。要赋予闽都传统文化习俗新的内涵，进一步拓展其以德育人、推进精神文明建设的功能。二是强化制度规范，从文明行为基本规范入手，要推动制定《福州市民行为守则》，规范文明行为，对公共秩序、交通出行、社区生活、公共环境等方面的诸如霸座、插队、闯红灯、广场舞扰民、遛狗不牵绳等不文明行为列出"负面清单"，依法奖罚，以法治的刚性和硬度推动文明生活方式和文明行为习惯的养成。三是强化文明志愿者队伍建设。文明志愿者是创建文明城市的生力军。要推进志愿服务制度化、常态化，提高志愿服务整体效能，制定有关志愿服务、奖励和保护条例，对志愿者、志愿服务组织、志愿服务活动、志愿服务信息平台以及促进和保障措施等作出全面规定，出台鼓励保险机构为志愿者、志愿服务组织提供保险服务、积分奖励等激励机制，进一步激发文明志愿者的热情。

课题指导：

练知轩（福州市政府原市长、福州市人大常委会原主任，闽都文化研究会荣誉会长）

组　长：

徐启源（中共福州市委原常委、秘书长、统战部部长，闽都文化研究会会长）

副组长：

陈伙金（闽江学院原副院长、闽都文化研究会副会长、秘书长）

戴清泉（中共福州市委副秘书长）

鲍　闽（福州市文联党组书记、副主席）
郑庆昌（福建农林大学软科学研究所所长、教授、博导，闽都文化智库专家）

参与单位：
中共福州市委政研室、福州市文联

成　员：
戚信总（福州市政协文史委原主任、福州闽都研究会学术二部主任）
李贵勇（中共福州市委政研室副主任）
陈思源（福州市文化和旅游局副局长、闽都文化研究会副会长）
王阿忠（福州大学经济管理学院系主任、教授、硕导，闽都文化智库专家）
周耿忤（中共福州市委政研室调研二处处长）
王　坚（闽都文化研究院院长）

执　笔：
王　坚

闽都文化与福州市乡村振兴战略区域研究

【摘要】中共福州市委、福州市政府提出着力促进乡村文明，繁荣发展乡村文化，要传承发展闽都优秀乡土文化。本课题根据实施乡村振兴战略的要求，通过对闽清县及其他地区的田野调研和思考，探索闽都文化在福州市新时代"三农"发展中能否和如何发挥其重要效能。提出用闽都文化加强乡村文明建设、保护与活化闽都文化遗产、培育闽都乡村文化特色产业、提升闽都文化的鲜活创造力等建议，同时提出科学引导乡土文化的传承与扬弃、充分发挥智库专家的智慧和作用，以进一步深入挖掘并传承闽都文化，使其在新时代福州城乡大力发展中发挥重要作用的思考。

【关键词】闽都文化；乡村振兴；闽清经验；文化产业

党的十八大以来，以习近平同志为核心的党中央高度重视"三农"工作，始终把解决好"三农"问题摆在全党工作突出位置。2019年福州市印发的《中共福州市委、福州市人民政府关于坚持农业农村优先发展做好"三农"工作的实施意见》明确提出着力促进乡村文明，繁荣发展乡村文化，要传承发展闽都优秀乡土文化。市委市政府对闽都文化在福州市"三农"工作和乡村振兴中的地位非常重视。本课题以闽清县为主要案例，就如何充分利用各地乡村丰富的闽都文化资源，探析乡土文化在新时代如何经由创造性转化、赢得创新性的发展，在福州市实施乡村振兴战略中发挥更大作用。

一、定向调研

福州地理特征是山地多平原少。境内山地、丘陵占全市土地总面积的72.68%，分别为32.41%和40.27%。根据闽都自然地理风貌结构，福州市乡村大致可以分成三种区域类型：山区县、平原县和沿海县。平原县城镇化先行一步,工业化程度比较高;山区县相对保留较为原始的乡村风貌;沿海县农渔港口经济多样性自有特色。

本课题选择闽清县为重点进行定向调研。

闽清是福州市下辖典型的山区县,受交通限制,长期是一个经济落后的贫困县。这些年,中共闽清县委、县政府致力改革开放,富民强县之路越走越宽广。在福州市乡村振兴、脱贫攻坚中迈出坚实步伐,2018年摘掉了贫困县的帽子。

在乡村振兴过程中,闽清县注重乡村文化建设,全面盘点县镇区域文化资源,把打造独具特色的传统礼乐文化作为重要抓手,充分挖掘乡土文化的价值,以此努力探索开拓乡村振兴之路。以闽清县为个案的调查与解析对本课题的挖掘具有学术参考价值和现实借鉴意义。同时,我们还考察调研了省内外其他乡镇,扩大了对这一课题的研究范围。

我们通过资料查阅、问卷调查、田野考察与访谈等多种方式开展调研。

就闽清案例,我们设计了问卷调查,并对问卷调查进行数据统计与分析。问卷内容涵盖:村民对本村乡土文化的认知度,对乡村文化建设与保护开发的评价,对限制乡村文化建设因素的感性认识,对乡村文化特色(含宗祠家风、名人故事、民俗事项和手工技艺等)与优势的认知与信心度,对乡村文化旅游业开发的看法,对乡村文化建设以及对乡村振兴的建议等。

我们以闽都文化在乡村的资源禀赋为切入点,尽可能客观地对县镇乡村如何挖掘保护并充分利用丰富的乡土文化资源,发挥其在乡村振兴中的积极作用展开调查研究。并对县镇各级怎样协调好文化遗产与新生事物的关系,如何在发展经济和提升生活质量的客观需要,实现乡土文化的活性保护与可持续发展等方面进行调研。

二、调研与分析

（一）闽清调研

通过定向闽清发放的调查问卷与分析，较为真实反映出村民对闽清乡村建设的态度。被调查者98.33%居住在本地，约89.67%为世代生活在本乡村的村民。他们对闽清乡镇的情况有话语权。绝大多数被调查者认为闽清乡村有自己的特色，有值得保护和开发的价值。被调查者普遍对所生活的乡村独特的民俗、口口相传的故事、名人、手工技艺等比较熟悉，对于所居住的乡村的个性和其他乡村的共性也都比较了解。被调查者也希望政府加大基础设施建设的力度，进一步改善偏远乡村交通条件。被调查者对居住地乡村文化建设有着普遍的期望值，支持乡村旅游开发的占到了97%。

综合问卷统计、田野调查和实地考察等相关资料，可以看出闽清县在发挥乡土文化作用，推进乡村振兴战略方面有以下亮点。

第一，全面盘点乡土文化，彰显本地特色。

闽清县既富有闽都文化在乡村的共性资源，又含彰显其独特优势的乡土文化。当地政府在全面盘点乡土文化的基础上，抓准"人无我有，人有我优"的文化资源，描绘出鲜明的本土文化脸谱。

1.乡贤文化。闽清自五代后梁乾化元年（911）建县至今，出过2位宰辅、3位状元、198位进士。其代表人物如：北宋年间的音乐理论家陈旸与其兄礼学大家陈祥道被世人称作"一朝双理学"，对我国古代音乐理论的研究和中华礼仪文化的发展产生重大的影响；近代民主革命家、爱国侨领黄乃裳。其三弟黄乃模是甲午海战殉难志士，致远号副管带，爱国主义精神堪称后世楷模；中国科学院院士吴孟超，从医74年，被誉为"中国肝胆外科之父"。我国发现的第17606号小行星被国际小行星中心永久命名为"吴孟超星"，可谓闽清的殊荣。

乡贤是乡村的杰出代表，乡贤文化是中华优秀文化的重要组成部分。它传承了耕读传家、守望相助、自强不息、敬畏自然等人文道德，涵养了教化乡民、反哺桑梓、泽被乡里、凝聚人心等高尚情怀。

2.陶瓷文化。闽清自古以来就有"陶瓷之都"的美誉。地处闽江流域的闽清窑，包括大箬、义窑、青窑三大窑场。闽清窑创烧于北宋中期，兴盛于南宋、元中前期，元末衰落。千年间，闽清窑窑火不断，产品丰富多样，通过海上丝绸之路产品外销源源不断。近年来，在我国的南海海域和东南海域陆续发现了一些宋元时期沉船。考古成果表明，闽清窑是宋元时期一处重要的外销瓷生产地，是重要的海丝文化遗址，对研究海丝文化意义重大。

3.古厝文化。闽清古厝数量可观，规模宏大，造型古朴。既有清代、民国时期的古民居，亦有部分明代建筑。其中较具代表性的有"宏琳厝""四乐轩""品亨寨""娘寨""冬畴寨""炉边厝"等。中部的坂东（六都）平原，是闽中地区的商贸、文化重镇，坐落着全国现存最大的古民居"宏琳厝"和书香深宅"四乐轩"。明朝的"娘寨"和清朝的"冬畴寨"，是两座由女性主持建造的著名古厝，内部布局严谨、装饰精美、防范措施十分完善，堪称古民居的经典之作，是福建古代妇女智慧和能力的见证。第一批省级传统村落的梅溪镇樟洋村，历史底蕴浓厚，村落的古道、祠堂、宫庙、古民居等，无不凝聚着古韵芳香。清朝的乡村学堂"文昌宫"、林氏祖厝"炉边厝"，颇具地方建筑特点。

散落在闽清各个大小村落中的古厝，成就了梅邑乡村独特的风采，也彰显了这座县城深厚的历史文化底蕴。

4.民俗文化。张圣君俗神信仰及其文化对闽清有着特殊的意义。张圣君生前为民开渠凿水灌溉，引水抗旱的善举以及寻药治病，济民救世的传说，为闽清百姓所敬仰。乡民将其奉祀于金沙堂内。当地民众奉之为农业保护神，并由此衍生出独具特色的金沙十境"游田了"的民俗活动。2009年，"游田了"——纪念张圣君的民俗活动被列为福州市第二批非物质文化遗产，张圣君信俗（闽清）2017年也入选福建省非物质文化遗产代表性项目。

"春祀秋祭"是农耕文明的传统习俗。闽清各大姓氏宗祠都有秋祭的传统习俗。秋祭是一个大平台，散落在世界各地、五湖四海的族人，经由家族庙堂的秋祭活动，联系情感、祈福、寻根、和睦、团结，这是极具凝聚力的民俗祭祀文化。

5.礼乐文化。礼乐文化是中华传统文化的核心内容。闽清人陈旸与其兄陈祥道是宋代著名音乐理论家和礼学大家。陈旸著有我国第一部音乐百科全书《乐书》，用绘图形式对我国的古典音乐做了详细的记载；陈祥道以《礼书》名世，乾隆年间，《乐书》《礼书》被收入《四库全书》，对我国古代音乐理论的研究和中华礼仪文化的发展产生重大的影响。历朝历代对闽清二陈礼乐文化都十分重视，闽清"二陈先生祠"始建于宋代。1990年闽清县政府在旧址上重新修建"二陈纪念堂"，2005年纪念堂被评为福建省首批"八闽名祠"之一。近几年县委县政府更是将挖掘和弘扬礼乐文化作为本县重点文化建设工作列入议事日程，突出打造"中国礼乐文化之乡"。

为把闽清建设成为闻名遐迩的"中国礼乐文化之乡"，让闽清礼乐文化走向全国、走向世界，闽清县成立了礼乐文化专门研究机构，整理出版礼乐系列书籍，建立礼乐文化专家智库，规划落实礼乐文化传承基地、建成礼乐文化产业链等等举措，同时借数字福州、海上福州、平台福州建设，将闽清的"礼乐文化"融入乡村振兴战略，融入社会主义核心价值观教育、融入精神文明创建活动、融入群众生产生活、融入家教家风，成效显著。

除上述五方面乡土文化内容，闽清的宗祠文化、红色遗迹文化、温泉文化以及千年闽江流域船运文化等，也都具有闽清当地乡土特色。闽清县通过对域内乡土文化的全面盘点、挖掘特色、系统整理、打造亮点，努力建设一个特质鲜明的梅邑文化。

第二，坚持以人为本，创新推动文化产业。

在实施乡村振兴战略中，闽清县坚持文化引领、文化先行，为乡村振兴提供强大精神支撑和文化条件。在全面系统地把握乡村优秀传统文化的基础上，县里对文化建设统筹考虑，既重视载体建设，更重视观念的提升,着眼于充分调动乡村的主体——农民的积极性、主动性。以人为本,以文化之,自然构成助长乡村振兴内生动力。

在提升村民文化观念方面,闽清县通过讲述闽清古今乡贤的成就和他们事例,展示闽清县各姓氏优良的家风家训,发挥"乡贤效应"。如侨领黄乃裳名人文化的打造:时任福州市委书记的习近平总书记在1991年11月指出"黄乃裳先生是全体华侨的骄傲,也是整个中华民族的骄傲",1992年5月,他又为黄乃裳作了"侨史留芳"的题词。闽清县建有黄乃裳纪念馆(台山公园)、乃裳广场、乃裳小学(湖东小学加挂校名),坂东有黄乃裳故居和陵园,并成立有黄乃裳研究会。又如吴孟超院士,他的医术精湛,医者仁心;他对家乡故土的殷殷深情,与对普通百姓的悠悠情怀,被人们称之"当代的医学泰斗",受到国家的嘉奖和世人赞誉。县里成立有"吴孟超精神学习宣传研究会"。乡贤的反哺能让乡村走得更远,乡贤文化的发扬光大让乡村文明的根脉生生不息,这也是培育和弘扬核心价值观的时代需要。

在文化遗产保护方面,闽清县切实做好古厝保护工作,让古民居重新焕发出迷人的光彩。一方面加强文物保护,挖掘古厝文化,抓好古厝的抢救性与保护性工作。另一方面加强指导,积极鼓励民间力量参与古厝保护与利用工作。先后保护修复了宏琳厝、学龙厝、贵才厝、可霖厝、娘寨、山墩古寨等古建筑。

在保护创新、推动文化产业发展方面,闽清县正在探索以文化为魂,以产业为支撑的模式,推动文化产业发展,推进乡村振兴。如让陶瓷产业注入文化基因,努力使这个曾经的支柱产业再现辉煌。近年来,福建欣享悦陶瓷有限公司,在闽清县江滨生态公园,制作的三幅分别长380米、高2.5米的《梅川礼乐图》和长185米、高3.3米的《闽清胜迹图》、100多米长的《千年丝路飘梅香》陶瓷壁画格外醒目,这是闽清制瓷工艺的创新产品,更是制瓷工艺与闽清优秀传统文化结合的尝试。

同时,积极打造礼乐文化品牌,以礼乐文化为龙头,促进其他文化产业发展。一方面,他们向省里申报创建"福建省特色文艺创作示范基地——音乐创作基地",建立"福建省或福州市音乐创作实践基地",设立音乐名家工作室,开展音乐采风、创作和培训;另一方面,与福州市陶瓷艺术研究会合作,设立福州市陶瓷艺术研究会闽清分会、陶瓷艺术名家工作室,推动闽清陶瓷文化与礼乐文化相结合,开发陶瓷礼乐文创产品,举办陶瓷文化展览等。再一方面,与福州市漆艺研究会合作,设立漆艺名家工作室,启动福州漆器艺术与礼乐文化相结合,开发漆器礼乐文创产品。同时,建成礼乐文化产业链,让礼乐文化产业带动闽清全域旅游,助力乡村振兴。借数字福州、海上福州、平台福州建设的东风,把闽清建设成为闻名遐迩的"中国礼乐文化之乡",让闽清礼乐文化走向全国、走向世界。

(二) 延伸调研

为获取更多不同形态特质乡土文化的传承保护与当代作用,我们还涉足闽侯青口、闽北政和县及省外部分乡镇进行考察,进一步扩展调研的外延空间,思考有利作为的途径。

1.因地制宜,地域特色显神奇

乡村文化因其地理位置、资源禀赋、历史渊源的不同而千差万别、各具特色,唯坚持因地制宜、精准施策,方见成效。

如闽侯青口镇,是福州市工业化步伐较快的乡镇,镇区里的东南汽车城驰名寰内。这里也是一处历史文化积淀十分深厚的地方,文物众多,人物荟萃。改革开放以来,青口的面貌发生了巨大变化。在旧日乡村固有的形态不断被蚕食、衰落的情况下,如何保存乡村记忆,发挥乡土文化的作用,让城市边缘的村落重新焕发新生命?青口在乡贤的热心牵线搭桥下,与闽都文化研究会合作,组织省内外知名文艺家们数次到青口镇所有乡村开展文化采风活动,文艺家们围绕乡村进行创作,以期编纂成《乡村小故事·青口篇》。写好乡村故事,画好乡村图卷,留住农耕文化记忆,吸取耕读文化的精髓,推动乡村文化旅游,为青口镇乡村振兴以及文化繁荣做实事。

沿海渔村的乡村振兴充分发挥区域文化特征。随着今年休渔期的结束,福清市沙埔镇承办2019首届福清(沙埔)开渔节暨海洋文化旅游节。沙埔镇位于福清市龙高半岛东南末端兴化湾畔,天蓝水碧,拥有7万多亩海域,海岸线绵延70公里,大小不一的沙滩秘境分布在锦城、牛峰、江下等村。作为渔港小镇,沙埔渔业民俗文化浓厚。每到开渔季节,大小渔船一溜排开,从兴化湾驶向大海,一浪又一浪的来去往复,捕捞各种美味的海鲜。开渔节以"开洋看海 渔悦沙埔"为主题,组织放生大典、渔业嘉年华、开渔宴、离岛海钓赛等极富海洋渔乡特色的文化旅游活动。

2.因势利导,文旅产业激活力

以福建省政和县石圳村为例。四年前,这里年轻人大多外出,是一个村民人均收入不足2000元的"空壳村"。近年来,该村抓住乡村发展的好契机,围绕白茶产业链和乡村旅游主题,进行了有益的探索和实践。农业生产设施薄弱是石圳村发展的短板,但石圳村位于城郊、离高速公路互通口近,是古老的水路中转码头,历史底蕴丰厚,具有发展乡村旅游的优势。该村扬长避短,围绕全县中心工作,采取"政府投资+公司运作+村民入股"综合性模式,全力发展乡村旅游。政府负责建设村道、河道、城防工程等不能直接产生经济效益的项目;石圳湾旅游开发有限公司负责乡村旅游项目开发和运营;村民以房屋、土地、货币等形式入股,实现家门口就业。目前,全村126户村民全部入股发展乡村游项目。2016年,石圳村农民人均可支配收入达到1.25万元,村财收入50多万元。

再如政和县星溪乡念山村也是近年来当地政府充分利用地方文化资源,激发活力发展起来的一个范例。几年前,念山村还是个默默无闻的贫困村。这里山峦重叠,交通闭塞。相传遍布山头大大小小的梯田乃唐末黄巢农民军入闽后,在念山扎营的防御工事,后人将其垦复耕种。念山人长期守着狭小梯田过着十分贫穷的日子。2016年以来,乡党委政府依托念山特有的自然风光和文化资源优势,大力发展以梯田耕作为基础的乡村旅游。他们组织村民们以土地入股的方式,共同打造念山农耕旅游文化产业。"我们将土地流转来,方便系统性地打造梯田美景,计划在梯田里分块种上油菜花、菊花、禾苗等,让这里一年四季都有别样的风光"。念山村党支部书记杨子信说。当地还根据历史文化传说以及念山的自然风光，建成黄巢迷宫、射箭场等景点和一条高约80米，长250米的玻璃索桥，将念山与邻村的东山连接起来。2017年国庆小长假，景区试运营阶段，就吸引游客4万余人次。念山"火"了，村民的口袋也"鼓"了。原来在外打工的村民，回到村里开了农家乐，生意很是红火。从前村里并不起眼的农特小吃，如今成了抢手货。"以前念山是个小山沟，很难有适合我们年轻人的工作机会，如今它变成了一个大舞台"。村民方丹丹看好念山发展潜力，放弃了在上海从事室内设计的高薪工作，回到家乡开发民宿，并兼任念山讲解员，致力把念山的美宣传推介出去。改头换面的念山让年轻人看到了希望。许多年轻人乃至大学生都回归家乡，自主创业。

省外的考察也给我们启发。一部"闯关东"带动了济南朱家裕等一批乡村特色影视基地的建设，并形成了延伸到乡村的演艺产业链，有效帮助了当地农民的增收。农民参与了景区的建设，他们还成为一些景点的讲解员。

上述这些充分利用本地文化资源，因势利导，推进文化产业发展的做法值得借鉴。

(三) 存在问题

田野调查资料表明，省内外各地乡村振兴过程中都注重挖掘本地乡土文化，这已成共识和大势所趋，然而也存在许多表现程度不一，但具有普遍性的问题。归纳如下。

1. 乡土文化资源盘点与盘活脱节

如何在乡土文化的全面盘点、挖掘、整理基础上盘活它，让文化遗产活起来，把文化资源用起来，这是一个值得认真规划与实践的事情。如各地日益重视乡镇古村落、古厝的保护，但是后续的活化利用怎么做，尚缺乏一个比较成功的实践。往往保护修复投入很大，然而除了展示供人参观之外，看不到更多利乡利民的效果。又如以合作社的方式来带动乡村文化产业发展，村民共享发展福利，这本是一个很好的形态，但有些地方挂了合作社牌子，却没有实质性运作，不久便无疾而终。

2.乡村文化振兴硬件投入和软件提升脱节

长期以来,交通不便是许多乡镇贫困的重要因素。随着各级政府投入的资金增大,路越修越好,越修越广,上接各大城市,下达各乡各村,有效帮助了乡镇与外面世界的交往。但在提升村民文化软实力和文明素养方面尚还薄弱。有些乡村景区很有地方文化特色,但在服务意识和管理手段等细节方面的投入跟不上;乡村文明程度的高低,直接影响乡村文旅的水平。闽北政和县的乡村布局是原生态的,房子是古旧的,但一走进乡村,却让人赏心悦目,因为村子小路整洁干净,池塘小溪水质清澈,加上房前屋后遍布的花草植物,田园般的风光给人舒服的感受。然而相比福州市一些乡村,除了新旧房屋杂乱无序的排列与堆叠之外,基本看不出乡村的原生态,最大的缺陷就是卫生环境差。所以,在硬件投入的同时,如何提升乡村文明亟须努力。

3.乡村文化重形式轻个性缺创意

乡村要振兴,文化是不可或缺的重要成分。但乡村文化的形式化庸俗化现象时有发生。现在走进有些乡村,在村头巷尾看到有些公益健身器材肮脏破损,它们大多是"聋子的耳朵"——摆设,有些农户把它们当作晾晒衣物的器械;类似的现象在许多乡村也存在,如农村书屋陈列的书籍量少品种不多,几乎无人问津,形同虚设。这些投入和设置与乡村文化的实际需求脱钩,流于形式主义。此外,各地乡村文宣同质化,在一些必须展现的统一标语之外,缺乏体现本乡本土文化资源的亮点标语或者宣传口号。本土的文化元素亟须提炼,这种文化元素,一旦普遍应用于本地各村落的景观环境、交通指引、建筑形态、文化演艺、产品包装等系统中,它便自然成为本地独一的标记或符号。

三、对策建议

近几年,根据中共福州市委、福州市政府乡村振兴战略的总体部署,福州市各级党委、政府立足本地乡土文化优势,加快推进美丽乡村建设,为建设"有福之州、幸福之城"抓规划、谋发展,统筹城乡发展取得了阶段性成果，乡村振兴中的文化建设已经取得了长足进步，但也存在一些明显的不足。如何挖掘闽都文化内涵，充分利用其在乡村的文化资源，在完成自身文化复兴的同时，推进福州市乡村振兴战略中发挥作用。通过调研，我们提出如下建议。

（一）用闽都文化加强乡村文明建设

首先，注重培育新时代内涵的乡贤文化。闽都乡村保留着非常宝贵的耕读传家尊重乡贤的文化遗产。新时代乡村振兴战略更需要一批热爱家乡、有奉献精神的新乡贤的参与。外出谋职的年轻人、告老还乡者、闲居乡间宗族元老等都是乡贤文化的重要组成力量。在乡贤文化建设中，要完善激励机制，搭建乡贤回归平台，可通过组建理事会、联谊会等多种不同形式，鼓励引导更多的乡贤加盟乡村的管理和建设。

其次，利用宗祠平台凝聚人心，引导宗祠文化向健康方向发展。南方多宗祠，且宗祠在乡民的心目中分量重大，乡村许多大型活动必须借助宗祠这一平台进行，对海外乡亲、在外打拼的创业人员以及本村本土的乡民，宗祠具有强大的凝聚力。宗祠除保留有传统农耕文化中的春祀秋祭、民俗节庆活动外，村民的婚丧嫁娶等红白喜事的操办，也都依托在祠堂进行。宗祠可以成为宣传社会主义核心价值观、传播正能量的重要阵地，同时也是弘扬闽都文化教化乡民和后代的场所，祠堂设立族规家训，通过宗祠的力量约束不文明行为。祠堂还可分别针对成年人和未成年人，举办文化讲坛、文化私塾等传统文化普及教育活动，让他们更深切地认识自己的家乡，增强文化自信。

再次，加强乡村公共文化建设，丰富农村文化娱乐形式。充分发掘地域乡土文化元素，在保持原有乡土风味的基础上，有机融入现代文化的内容，结合人们喜闻乐见的艺术形式，构建既传承优秀传统文化，又富有时代气息的新乡土文化，以此聚人气、接地气，传播正能量。如在城市名声鹊起的"激情广场""大家唱"等活动，同样可以在乡村予以推广。

（二）保护与活化闽都文化遗产

习近平总书记在为《福州古厝》一书撰写的序中，深刻揭示了福州本地古建筑的丰富文化内涵,阐释了地方经济发展与历史文化名城保护二者的关系。因此,要加大对古村落民居建筑等文化遗产的保护力度。

一是尽快对福州各县区有文化保存价值的古建筑进行细致的盘点与造册。政府可投入相应财力、人力,或委托建筑维护专业机构,分门别类,测定古建筑含金量,列出重点,评判其历史、人文意义和保留价值,建立中长期保护规划。

二是对历史古村落、有价值的古民居及其他古建筑资源要制定出长效监测、管理和保护措施。加大宣传力度,推动全社会对古民居、古村落的认知和重视,可考虑制定"古民居宣传保护日",成立"古建筑民间保护协会",组织当地村民志愿积极参与。

三是探索古民居、古建筑"在保护中突出利用,在传承中注重创新"的新模式。坚持"利用是最好传承"理念,注重发挥文化资源经济属性。对已经修复完成,纳入景区范畴或进入成熟旅游线路的古建筑群,在原有已开发利用的基础上,多角度、深层次继续挖掘其所蕴含的历史文化内涵,丰富民居生活,使乡村故事更丰富多彩,让古村落、古民居更具生命力,更有吸引力。对尚未开发保护的古村落民居,特别是常年无人居住,日趋荒废的老建筑,要进行抢救式修缮和保护。

四是探索政府主导,村民自发,社会参与的古建筑保护新模式。一些地方因人力、物力、财力无法进行修缮保护的,可在依法投资保护的前提下,不断丰富古建筑的内涵特质和利用方式,如认领、认租、认购,甚至可借鉴农村的土地流转模式,探索开展古民居权益流转改革试点工作,借力社会资本,打通社会力量参与古民居保护的连接、利用的通道。以散落在广大乡村的古建筑为依托,大力发展具有闽都特色的文化产业,打造闽都民宿、修学研学、摄影写生、古道穿越等一批新型业态,实现静态保护向活态传承的转变。以文化活动为抓手,让外来人员和村民共享文化资源,让古村落、古民居"复活"与"新生"。

(三)培育闽都乡村文化特色产业

乡村振兴离不开文化产业的振兴,用新的思路和手段,充分挖掘利用遗存的本土历史文化资源，促使闽都乡土文化创新发展。调研中闽清的制瓷业、政和的茶文化产业等，都是运作较为成功的案例。一方面，引导乡村文化旅游进行科学合理的设计和规划，帮助村民处理好农村文化建设和发展文化旅游产业的关系，避免一拥而上，防止"千村一面"。在文化资源丰富的地方，可进行"一村一品一故事""一村一景一神韵"等文化推广活动，在人力资源相对薄弱的地方，可采用捆绑式运作，由当地村民组成"文化产业合作社""古居乡村旅游合作社"等，带动农户集体经营。另一方面，鼓励外来的专家学者和企业设计人员，到乡村建立产学研文创平台，充分利用智慧和点子帮助挖掘、保护和发展高质量的闽都乡村文化产业品牌。

同时，福州市不少乡村孕育有丰富多彩的具有地方特色的民间艺术、民俗表演和传统工艺等文化遗存，各地可根据本土历史沉淀和乡土文化个性特点，因地制宜，打造一批既能增加经济收入，提高村民生活水平，又能还原、保留和发展本土文化个性的特色文化产业。

（四）提升闽都文化的鲜活创造力

根据乡村振兴战略部署，到2020年，乡村振兴的制度框架和政策体系基本形成，因此，在这一时期，乡村振兴中的文化建设应立足高质量的发展方向。

一是充分挖掘闽都乡村优质文化资源，在乡村文化建设的规划上注重设计感、仪式感，避免简单沿承，满足于旧式农耕经济文化的粗放陈列。

二是高度重视大数据、物联网的应用。闽都文化建设高质量发展要与时俱进，融入"数字福州""海上福州""平台福州"建设，发动社会力量推进乡村文化建设与信息技术深度融合，提高农村文化资源的聚合、供给和共享功能。利用"福州文化云"平台和5G网络先进技术，让村民深切感受闽都乡土文化的顽强生命力和鲜活创造力。

四、一些思考

如何进一步深入挖掘和传承闽都文化，使其在新时代福州城乡大力发展中发挥重要作用，调研实例的见证与感受给我们带来一些思考。

(一)充分发挥智库专家的智慧和作用

由于福州市不同区域的乡村经济发展水平不同，闽都乡土文化的挖掘、保护和利用也不尽相同。沿海及平原地区城乡融合迅速，特别是经济开发区、高科技园区的设立，沿海及平原地区基本脱离了原有的以农耕经济为主导的农村社会形式。而较为偏远的山区县，传统民俗和农耕文化的保留则较为集中。要统筹全市乡村文化发展全局，除由政府主导规划实施外，还应积极调动社会力量，集中民间智慧，充分发挥闽都文化智库专家的智囊作用，为闽都乡土文化在乡村振兴中的积极作用出谋献策，更好地服务于"国家公共文化服务体系示范区"的建设。

(二)科学引导乡土文化的传承与扬弃

千百年的闽都文化底蕴深厚，沉淀大量中华传统文化的精髓，深入传承与挖掘闽都文化中蕴含的优秀思想观念、人文精神、道德规范及农耕文化遗产，充分发挥其在凝聚人心、教化群众、淳化民风中的重要作用，对乡村振兴的文化建设意义重大。同时要解决好传统文化中的先进性和落后性、传承性和破坏性、体验性和概念性、时代性和陈旧性以及创新性和僵化性等几大关系。对由农耕文明衍生的民风、民俗，应取其精华、去其糟粕。乡间的民俗信仰、农时节庆等承载的社会理想、人文精神、价值观念、道德意识和思维方式构成了丰富多彩的中华文明。但在漫漫历史长河中，难免有一些陈规陋习和不适应时代发展的负面元素沉淀其中，必须推行移风易俗，要整治铺张浪费、大操大办、相互攀比、厚葬薄养等不良习俗。对具有闽都特色的优秀传统节日、民间活动和民俗信仰，凡能体现中华民族美德、传播正能量的都应予以鼓励并扶持，如福州地区的拗九节，反映农耕文明特色的春祀秋祭、游田活动，尊老敬祖、凝聚乡亲人心的宗祠活动等等。对危害社会、影响团结稳定的乡村宗法黑恶势力及黄、赌、毒等，要坚决予以遏制与严厉打击；对礼教缺失，崇尚巫鬼等有悖伦理的行为，可通过法律手段加以制止；对在婚丧嫁娶、祭祀祖宗神灵的习俗中有沉疴痼疾的陋习，应在充分尊重传统民俗的基础上，进行正确引导，制定出新的《乡规民约》，不宜教条主义，一味实行"一刀切"。中国的移风易俗传统古而有之，旨在从根本上转变广大村民的陋习。

课题指导：

练知轩(福州市政府原市长、福州市人大常委会原主任，闽都文化研究会荣誉会长)

组　长：

徐启源(中共福州市委原常委、秘书长、统战部部长，闽都文化研究会会长)

副组长：

林　山(闽都文化研究会常务副会长、高级编辑)

郑庆昌(福建省高校智库区域特色发展研究院院长、教授、博导，闽都文化智库专家)

戴清泉(中共福州市委副秘书长)

张　凯(闽清县副县长)

成　员：

林秀玉(闽都文化研究会学术一部主任、教授)

单　南(闽都文化研究会学术二部副主任)

林　星(福建省委党校文史部教授、闽都文化智库专家)

李贵勇(中共福州市委政研室副主任)

周耿忤(中共福州市委政研室调研二处处长)

李铁生(闽都文化研究院编辑、闽都文化研究会学术一部主任助理)

郑　莉(闽都文化研究会学术一部工作人员)

许　超(闽都文化研究院职员)

执　笔：

林秀玉　单　南

附件1：

闽清乡村文化建设调研问卷

感谢您参加本次问卷调查。以下信息请直接勾选：

您的性别：男　女

您的年龄：10—20岁　21—30岁　31—40岁

41—50岁　51—60岁　60岁以上

您的受教育程度：小学　初中　高中　本科　研究生

您是否是本地居民：是　不是

您现在仍在本地居住吗：是　不是

您在本地已居住几代：一代　二代　三代　四代　五代及以上

您的家庭年收入情况：5万以下　5至10万　11至15万　16至20万

20万以上

以下问题为多选题，请直接勾选：

您认为闽清乡村出名是因为什么？

○悠久的历史文化

○优美的自然环境

○文物保存良好

○保留着传统建筑格局和历史风貌

2. 您认为闽清乡村文化建设与开发保护成功吗？

○成功

○比较一般

○不成功

3. 您认为现在闽清乡村人与自然和谐吗？

○和谐

○不和谐

○一般

4. 您对闽清乡村文化建设的评价如何？
○好
○一般
○差

5. 您认为闽清乡村文化建设政府层面的作为怎么样？
○好
○一般
○不好

6. 限制闽清乡村文化建设的原因，您认为会是什么？
○悠久历史文化的载体已被破坏
○优美的自然环境已被破坏
○文物保存不好
○传统建筑格局和历史风貌已被破坏
○闽清乡村交通不便
○闽清乡村文化传承人越来越少

7. 闽清乡村布局是否保持和1949年以前一样？
○一样　　○稍有不同
○完全不一样，变化太大

8. 请对您自己生活的乡村的文化建设进行评价。
○好
○一般
○差

9. 请对您自己生活的乡村的历史文化进行评价。
○好，非常有价值
○一般，很普通
○差，没什么历史文化

10. 您认为闽清乡村文化建设的公众参与度如何？
○参与度高

○参与度一般

○参与度较差

11. 您认为社会大众对闽清乡村文化的建设与开发支持吗?

○支持

○一般吧,说不上来

○不支持

12. 您希望采取怎样的措施改善乡村环境的恶化情况?

○投入资金,加大整治环境的力度

○降低或限制客流量,从源头上减少环境恶化的可能

○请求立法,对污染环境的集体或个人进行罚款

13. 您认为闽清乡村具有福建名镇名村的风韵吗?

○很有感觉

○一般化

○没啥感觉

14. 您是否支持对闽清乡村进行旅游业的相关开发?

○支持

○不支持

○无所谓

15. 如果对此地进行开发,您最看重什么?

○环境保护

○文化资源保护

○客流量太大影响正常生活

16. 如果开发旅游业需要对乡村进行拆迁改造,您是否支持?

○支持

○不支持

○无所谓

17. 如果开发旅游业需要拆迁改造到自己房屋,您是否支持?

○支持

○补助合理的话支持

○不支持

18. 您的收入主要是来自乡村旅游业吗？

○是

○不是

19. 您觉得旅游业的开发对闽清乡村的生活和环境影响大吗？

○很大

○一般

○没什么影响

20. 您是否认为只要旅游业开发能带来经济上收入的增加，其他的影响都无所谓？

○是

○不是

21. 您认为目前闽清乡村旅游开发成功吗？

○成功

○比较一般

○不成功

22. 您是否认为旅游商业发展使当地文化受到冲击？

○同意

○中立

○反对

23. 您认为闽清乡村旅游的最大特色是什么？

○体验当地民风民俗

○感受乡村悠闲生活

○欣赏人文建筑

○感受悠久历史熏陶

○品尝当地风味美食

○购买当地土特产品

○ 其他

○ 您的补充：

以下的问答题请您用几句话加以描述：

24. 您认为目前闽清乡村文化是怎样的？

25. 您所期望的闽清乡村文化应该建成什么样子的？

26. 您认为闽清乡村与省内外其他乡村相比有何独有特色？

27. 您认为闽清乡村在知名度上不如其他地区乡村的原因是什么？

28. 您认为开发闽清乡村旅游的优势是什么？劣势是什么？

29. 闽清乡村文化有什么独特的民俗和手工技艺？

30. 您觉得闽清乡村有您哪些值得传承的文化记忆？

31. 您对闽清乡村保护和开发有哪些方面的建议和意见？

32. 您知道的闽清乡村名人有哪些？

33. 您所在村落有哪些口口相传的故事？

34. 您所在的村落有值得一提的独特家风吗？

35. 您认为闽清各个乡镇在各自乡村文化建设方面都有什么特色？

36. 您对闽清乡村保护和开发有哪些方面的建议和意见？

附件2：

闽清乡村文化建设调研问卷

第1题　您的性别（单选题）：

选项	小计	比例
男	113	37.67%
女	187	62.33%
本题有效填写人次	300	

第2题　您的年龄（单选题）：

选项	小计	比例
10-20岁	11	3.67%
21-30岁	52	17.33%
31-40岁	94	31.33%
41-50岁	66	22%
51-60岁	42	14%
60岁以上	35	11.67%
本题有效填写人次	300	

第3题　您受的教育程度（单选题）：

选项	小计	比例
小学	20	6.67%
初中	53	17.67%
高中	117	39%
本科	110	36.67%
研究生	0	0%
本题有效填写人次	300	

第4题　您是否是本地居民（单选题）：

选项	小计	比例
是	269	89.67%
不是	31	10.33%
本题有效填写人次	300	

第5题　您现在仍在本地居住吗（单选题）：

选项	小计	比例
是	295	98.33%
不是	5	1.67%
本题有效填写人次	300	

第6题　您在本地居住几代（单选题）：

选项	小计	比例
一代	46	15.33%
二代	52	17.33%
三代	63	21%
四代	29	9.67%
五代以上	110	36.67%
本题有效填写人次	300	

第7题　您的家庭年收入情况（单选题）：

选项	小计	比例
5万以下	62	20.67%
5-10万	143	47.67%
11-15万	67	22.33%
16-20万	12	4%
20万以上	16	5.33%
本题有效填写人次	300	

第8题　您认为明清乡村出名是因为什么？（多选题）

选项	小计	比例
悠久的历史文化	177	59%
优美的自然环境	172	57.33%
文物保存良好	47	15.67%
保留着传统建筑格局和历史风貌	123	41%
本题有效填写人次	300	

第9题　您认为闽清乡村文化建设与开发保护成功吗？（单选题）

选项	小计	比例
成功	152	50.67%
比较一般	142	47.33%
不成功	6	2%
本题有效填写人次	300	

第10题　您认为现在闽清乡村人与自然和谐吗？（单选题）

选项	小计	比例
和谐	230	76.67%
不和谐	8	2.67%
一般	62	20.67%
本题有效填写人次	300	

第11题　您对闽清乡村文化建设的评价。（单选题）

选项	小计	比例
好	198	66%
一般	102	34%
差	0	0%
本题有效填写人次	300	

第12题　您认为闽清乡村文化建设政府层面的作为怎么样？（单选题）

选项	小计	比例
好	291	97%
一般	9	3%
不好	0	0%
本题有效填写人次	300	

第13题　限制闽清乡村文化建设的原因，您认为会是什么？（多选题）

选项	小计	比例
悠久历史文化的载体已被破坏	80	26.67%
优美的自然环境被破坏	65	21.67%
文物保存不好	68	22.67%
传统建筑格局和历史风貌已被破坏	58	19.33%
闽清乡村交通不便	127	42.33%
闽清乡村文化传承人越来越少	163	54.33%
本题有效填写人次	300	

第14题　闽清乡村布局是否保持和1949年以前一样？（单选题）

选项	小计	比例
一样	13	4.33%
稍有不同	74	24.67%
完全不一样，变化太大。	213	71%
本题有效填写人次	300	

第15题　请对您自己生活的乡村的文化建设进行评价。（单选题）

选项	小计	比例
好	175	58.33%
一般	122	40.67%
差	3	1%
本题有效填写人次	300	

第16题 请对您自己生活的乡村的历史文化进行评价。（单选题）

选项	小计	比例
好，非常有价值	163	54.33%
一般，很普通	132	44%
差，没什么历史文化	5	1.67%
本题有效填写人次	300	

第17题 您认为闽清乡村文化建设的公众参与程度如何？（单选题）

选项	小计	比例
参与度高	123	41%
参与度一般	157	52.33%
参与度较差	20	6.67%
本题有效填写人次	300	

第18题 您认为社会大众对闽清乡村文化的建设与开发支持吗？（单选题）

选项	小计	比例
支持	245	81.67%
一般，说不上来	55	18.33%
不支持	0	0%
本题有效填写人次	300	

第19题 您希望采取怎样的措施改善乡村环境的恶化情况？（多选题）

选项	小计	比例
投入资金，加大整治环境的力度。	251	83.67%
降低或限制客流量，从源头上减少环境恶化的可能。	14	4.67%
请求立法，对污染环境的集体和个人进行罚款。	90	30%
本题有效填写人次	300	

第20题 您认为闽清乡村具有福建名镇名村的风韵吗？（单选题）

选项	小计	比例
很有感觉	130	43.33%
一般化	157	52.33%
没啥感觉	13	4.33%
本题有效填写人次	300	

第21题 您是否支持对闽清乡村进行旅游业的相关开发？（单选题）

选项	小计	比例
支持	291	97%
不支持	3	1%
无所谓	6	2%
本题有效填写人次	300	

第22题　如果对此地进行开发，您最看重什么？（多选题）

选项	小计	比例
环境保护	259	86.33%
文化资源保护	141	47%
客流量太大影响正常生活	11	3.67%
本题有效填写人次	300	

第23题　如果开发旅游业需要进行对乡村进行拆迁改造，您是否支持？（单选题）

选项	小计	比例
支持	273	91%
不支持	19	6.33%
无所谓	8	2.67%
本题有效填写人次	300	

第24题　如果开发旅游业需要拆迁改造到自己房屋，你是否支持？（单选题）

选项	小计	比例
支持	271	90.33%
不支持	16	5.33%
无所谓	13	4.33%
本题有效填写人次	300	

第25题　如果开发旅游业，需要拆迁改造到自己房屋，您是否支持？（单选题）

选项	小计	比例
支持	161	53.67%
补助合理的话支持	133	44.33%
不支持	6	2%
本题有效填写人次	300	

第26题　您的收入主要是来自乡村旅游业吗？（单选题）

选项	小计	比例
是	26	8.67%
不是	274	91.33%
本题有效填写人次	300	

第27题 您觉得旅游业的开发对闽清乡村的生活和环境影响大吗？（单选题）

选项	小计	比例
很大	165	55%
一般	112	37.33%
没什么影响	23	7.67%
本题有效填写人次	300	

第28题 您是否认为只要旅游业开发能带来经济上收入的增加，其他的影响都无所谓？（单选题）

选项	小计	比例
是	34	11.33%
不是	266	88.67%
本题有效填写人次	300	

第29题 您认为目前闽清乡村旅游开发成功吗？（单选题）

选项	小计	比例
成功	59	19.67%
比较一般	217	72.33%
不成功	24	8%
本题有效填写人次	300	

第30题 您是否认为旅游商业发展使当地文化受到冲击？（单选题）

选项	小计	比例
同意	76	25.33%
中立	193	64.33%
反对	31	10.33%
本题有效填写人次	300	

第31题 您认为闽清乡村旅游的最大特色是什么？（多选题）

选项	小计	比例
体验当地民风民俗	194	64.67%
感受乡村悠闲生活	173	57.67%
欣赏人文建筑	122	40.67%
品尝当地风味美食	170	56.67%
购买当地土特产品	99	33%
感受悠久历史熏陶	93	31%
其他	0	0%
本题有效填写人次	300	

附件3：

问卷调查的统计与分析

本次社会调查中女性占比较多，占62.33%。受调查人年龄从15岁到60岁以上分布均匀。年轻人占比较多，其中21-30岁占17.33%，31-40岁占31.33%，41-50岁占22%。受教育程度依次为高中最多，占39%；其次本科，占36.67%；再次初中，占17.67%。被调查者约89.67%为本地人，98.33%居住在本地，36.67%的人已经在本地居住五代以上。

被调查者认为闽清乡村优势占前三位的原因分别是历史文化悠久、独特优美的自然环境、保留着传统建筑格局和历史风貌。调查显示，认为闽清乡村人与自然和谐的占76.67%。对闽清乡村文化建设评价好的占比66%，评价一般的占比34%，评价差的为0。对闽清乡村文化建设政府层面的作为评价好的占比97%，评价一般的占比3%，评价差的为0。

对于限制闽清乡村建设与发展的原因，排在前三位的是文化传承人越来越少、交通不便、悠久历史文化的载体已被破坏。对于自己所生活的乡村文化建设的评价，评价好的占58.33%，评价一般的占40.67%，评价差的占1%。被调查者认为闽清乡村文化建设公众参与度一般占52.33%，参与度高占41%。认为闽清乡村具有名村风韵、很有感觉的占43.33%，一般化的占52.33%，普遍认为大众会支持乡村旅游开发的占97%，不支持的占1%。对自己所生活的乡村进行开发，最看重环境保护的占86.33%，看重文化资源保护的占47%。支持对自己所居住的乡村进行拆迁改造的占91%，不支持的占6.33%。支持拆迁自己房屋的占53.67%，补助合理的话支持的占44.33%，不支持的占2%。91.33%的被调查者的收入不是来源于乡村旅游业。对于乡村开发只要带来经济收入的增加，其他的影响是否都无所谓的问题，回答是的占11.33%，回答否的占88.67%。认为闽清乡村旅游开发成功的占19.67%，比较一般的占72.33%，认为失败的占8%。认为旅游业的发展会冲击当地文化的占25.33%，认为不会冲击的占10.33%，持中间观点的占64.33%。

五、2020年调研课题

推动福州历史文化街区（风貌区）保护开发的研究

——以上下杭历史文化街区为例

【摘要】历史文化街区是物质和非物质形态在内的文化资源最具代表性、最有价值、保存最为集中的区域。"上下杭历史文化街区"作为福州历史文化名城明确保护的三块历史文化街区之一，不仅承载着老福州人对于这座城市曾经面貌的记忆和缅怀，而且其包含的文化遗产内容丰富、特色鲜明，是闽都文化的重要代表。我们组织专家学者，在延续前几年开展闽都文化服务福州经济、社会发展的系列课题成果的基础上，通过深入研究上下杭历史文化街区的文化内涵、保护开发情况，结合国内其他城市推动历史文化街区的经验，提出了推动福州历史文化街区（风貌区）保护开发要围绕"保""特""活""产"下功夫，加大历史文化街区（风貌区）的文化遗存的深度挖掘力度、活化利用历史文化遗产、推动文化产业发展、打造特色鲜明的历史文化街区（风貌区）的宣传品牌、加强文化人才培养。

【关键词】历史文化街区；上下杭；保护开发

历史文化街区（风貌区）是物质和非物质形态在内的文化资源最具代表性、最有价值、保存最为集中的区域，展现着地域文化特色，反映着历史文化宝贵的价值，显示着城市的"记忆"，是社会文化得以延续的重要物质和精神的存储空间。做好历史文化街区（风貌区）保护开发工作，对于弘扬城市文化内涵，彰显城市文化特色，激活城市文化产业，扩大城市文化影响，建设文化强市，推动城市经济社会发展具有重要意义。因此，在"第44届世界遗产大会"即将在有福之州召开之际，我们组织专家学者，在延续前几年开展闽都文化服务福州经济、社会发展的系列课题成果的基础上,深入上下杭等历史文化街区进行调研,有针对性地提出推动福州历史文化街区(风貌区)保护开发的对策建议。

一、福州历史文化街区(风貌区)保护开发基本情况

历史文化街区(风貌区)是指经省、自治区、直辖市人民政府核定公布的保存文物特别丰富、历史建筑集中成片、能够较完整和真实地体现传统格局和历史风貌,并有一定规模的区域。历史文化街区(风貌区)以拥有高品质的文化遗产为核心特质,有着极高的历史文化研究和开发价值。从历史文化街区(风貌区)格局、空间尺度及资源现状来看,历史文化街区具有规模宏大的建筑遗产群、清晰完整的历史城区肌理、延续不断的地域文化脉络、历史悠久的区域发展中心等特征。

(一)福州历史文化街区(风貌区)保护开发总体情况

近年来,中共福州市委、福州市政府高度重视历史文化街区(风貌区)建设,结合连片旧屋区改造和历史建筑保护,重点打造上下杭、朱紫坊历史文化街区。按照"一街一策",以"延续城市历史文脉,保护城市特色风貌"为目标,在全市12个县(市)区打造鳌峰坊特色历史文化街区、苍霞特色历史文化街区、南公园特色历史文化街区、琯尾街特色文化街区、烟台山历史风貌区、梁厝特色历史文化街区、船政特色历史文化街区等15个特色历史文化街区,做到"五个展示",即建筑风格的展示、文物古迹的展示、区域文化的展示、地域风情的展示、地方土特产的展示,打造集文化展示、商业体验、休闲旅游为一体的特色历史文化街区。这些特色历史文化街区已于2020年春节前集中亮相,开展迎新春活动。下一步,全市将按照"完善一批、拓展一批、新增一批"的要求,持续推进历史文化街区建设,进一步拓展规模、完善功能、提升品质、增强活力,并与同期开展的261条传统老街巷的保护整治,1125处重点文物和古建筑的保护修缮,为即将到来的第44届世界遗产大会,全方位、多角度地展现一个有历史、有记忆、有乡愁、有文化的福州。

据了解,福州市历史文化街区的保护开发模式主要有两种:一是保护修缮与开发运营工作统一由福州市古厝集团负责。近年来,该公司先后

承接了三坊七巷、朱紫坊、上下杭、梁厝、南公园等历史文化街区的保护修缮与开发运营工作。二是保护与开发工作分开。保护修缮工作由政府负责，开发运营方面则通过市场运作，由中标的文化传播公司负责。较典型的有鼓楼区的鳌峰坊特色历史文化街区等。

作为福州历史文化名城明确保护的三块历史文化街区之一，"上下杭历史文化街区"不仅承载着老福州人对于这座城市曾经面貌的记忆和缅怀，而且其包含的文化遗产内容丰富、特色鲜明，是闽都文化的重要代表。为此，我们重点选择"上下杭历史文化街区"进行调研。

（二）"上下杭历史文化街区"特点和保护开发情况

1. "上下杭历史文化街区"特点。上下杭历史文化街区位于福州市城区西南部，濒临闽江，水陆交通发达，素有商贸"黄金宝地"之称。街区面积0.47平方公里，以下杭街，上杭街为主干道，连接南北走向的隆平路、大庙路和东西走向的延平路，潭尾街道等道路，其间分布20多条小巷，共同构成以上、下杭路为骨干的"鱼骨"状接线体系。

上下杭历史文化街区被称为"福州传统商业博物馆"，在几百年的岁月中，它呈现出"百货随潮船入市，万家沽酒户垂帘"的景象，承载着福州商业兴衰的历史记忆。北宋元祐年间（1086-1094）开始，闽江水在大庙山南麓冲击出的两条沙痕逐渐形成陆地，即为上、下杭。元代，城内居民陆续往南迁移，促进了上下杭街区的发展，横跨台江（今闽江）的第一座石桥万寿桥即在这时建成。明代，台江地区的商品经济有了很大发展，台江地区"华夷杂处，商贾云集"，潭尾街一带呈现"委巷纵横、民居鳞次，鱼盐成市"的繁荣局面。清代，由于商业中心南移，城内与上下地区之间交通频繁，福州南门至大桥头已是"十里而遥，民居不断"。各种商店作坊、商业行馆、仓库货栈相继建立。1840年鸦片战争后，各地商帮纷纷在上下杭建立会馆、商行，从闽江上游下行的商船多在南台码头停靠，与沿海港口驶来的船只进行贸易，福建沿海与山区的物资交流频繁。来自各地的商品汇集于上下杭，而后又从此地运销全国各地。清末明初，一部分有识之士开始兴办近代工业，建起南台电灯厂、迈罗罐头厂等几十家工厂。

民国初年，上下杭街区商店鳞次栉比，富商的宅院，祠堂与会馆、洋行聚集，遂成辐射省内，沟通省外各地、东南亚各国的商品集散地。这里行业众多，商栈林立。1905年，近代新型的商人组织——福州商务总会首先在下杭街建立。商业的发展助推金融业的繁荣，钱庄、当铺、侨汇庄以及近代的银行、保险公司等也多集中于此。

"上下杭历史文化街区"作为闽都文化不可或缺的文化遗产，与三坊七巷、烟台山等福州历史文化街区（风貌区）相比，具有其鲜明的特点。

上下杭历史文化街区是闽商、榕商的重要发祥地。上下杭街区传统店宅广泛分布，主要是前店后宅式和下店上宅式。沿街店铺采用"三落透后"的传统建造方式，集商贸、仓储、居住为一体。街区商贾云集，从中走出许多著名实业家富商巨贾，如金融业张秋舫、进出口业罗金城、国药业徐建禧、海纸业曾文乾、茶业欧阳康、纱布业黄恒盛、土特产业蔡友兰等。

上下杭历史文化街区是闽都市井风韵的重要代表。上下杭街区及周边的餐饮、住宿、娱乐服务等业十分发达，著名小吃如聚记老铺肉燕，龙岭顶蔡五炒粉，马祖道唯我鐤边糊，隆平路潮安嫩饼店的咸、甜炒粉等，更是妇孺皆知、名闻遐迩。在上下杭，雅俗文化并存。大庙山是历代文人墨客吟诗作赋的聚会之所，传统的戏剧和曲艺如闽剧、评话、十番等在这里上演，口传文学、民间歌谣、传统记忆于此代代相传。逢年过节和神诞之时，百姓开展丰富多彩的游神娱乐活动。陈文龙尚书庙的"出海送官船"、张真君祖殿的"过关"道场等都流传至今，从不同侧面，向世人展现千百年闽都民俗文化，并从这里传播到世界各地。

上下杭历史文化街区是中国传统文化与西方近现代文化交流的重要窗口。上下杭地区的近现代建筑体现出当时的中西交融建筑特色，是研究近代中西建筑文化交流和福州近代建筑史的重要佐证，同时上下杭地区是中国与国外贸易的窗口，在这里中国传统文化和西方近现代文化交流融汇，成为福州传统文化和与西方近现代文化交流的重要窗口。

上下杭历史文化街区是福州多元文化的重要体现。上下杭地区曾有过13所同乡会馆，其中本省12所，外省1所，均建于清代，集中过许多地区商帮，如兴化帮、江西帮、温州帮、南平帮、长乐帮、闽南帮、福清帮等，各帮会会馆和平相处，体现上下杭地区包容聚合的多元地域文化聚合体。在建筑形制上，上下杭的会馆建筑堂皇精美，既继承祖籍地的传统特色，又吸取福州地区艺术风格，个别也有采用西洋欧美式的。又如宗教文化，为了祈求家庭平安、生意兴隆，不同的神灵信仰也在这里交融，上下杭地区不仅有佛教、道教崇拜习俗，还有许多民间信仰神灵，如张真君、陈文龙、临水夫人、妈祖等。

2.上下杭历史文化街区保护开发情况。2014年，上下杭历史文化街区被省文化厅和住建厅共同认定为福建省首批9个省级历史文化街区之一，街区以隆平路为中轴，串联上杭路、下杭路、三捷河、中平路，逐渐形成"四横一纵，五路一区"的步行体系。保护范围西到白马路，南至苍霞新城、合春弄、三捷河、中平路，东到三通路，北到学军路。其中省级文保单位8处（张真君祖殿、福州商务总会旧址、采峰别墅、咸康参号、黄恒盛布行、黄培松故居、罗氏绸布庄旧址、生顺茶栈旧址）；市级文保单位5处（星安桥、三通桥、高氏文昌阁、陈文龙尚书庙、建宁会馆）；区级文保单位3处（福州志社旧址、曾氏祠堂、永德会馆）。登记文物点82处，传统风貌建筑314处。

上下杭历史文化街区总用地面积31.73公顷，核心区面积23.54公顷，2013年启动征迁和修复工作，总投资82.59亿元。保护修复总面积23.8万平方米，涉及文保单位16处，登记文物点82处，传统风貌建筑314处。根据保护规划，保护修复工作以"政府主导、实体运作、居民参与、渐进改善"为基本原则，根据功能结构的角度将上下杭划分7个功能片区，分别为上杭路商贸会所区、下杭片区商业休闲、三捷河休闲旅游带、龙岭顶民俗休闲区、文化展示区、商业体验区和创意街区，逐步把上下杭历史文化街区打造成以商业、居住、旅游、文化等复合功能为主，形成具有浓郁福州中西合璧建筑文化特色和典型闽商文化的特色传统街区。

3.福州历史文化街区（风貌区）保护开发存在的问题。在调研中，我们能体会到上下杭等历史文化街区（风貌区）保护开发工作取得了令人瞩目的成效，进一步彰显了福州丰厚、多元的文化底蕴，展现了千年古都的风采。但对标先进城市，还存在一些问题。

一是文化资源挖掘整理与街区建设速度不匹配，传统文化的深度挖掘不充分。在市委、市政府和各级党委、政府的高度重视下，福州市的历史文化街区（风貌区）建设方兴未艾，全面加速推进。但历史文化街区（风貌区）的文化资料挖掘工作仍然存在不充分、不系统、不深入的问题。如上下杭历史文化街区大部分的文化资料是现存的或者由市古厝集团自行组织专家论证，缺乏对历史文化街区（风貌区）的文化资源进行全面、深入、系统的挖掘整理。同时，随着城市建设的不断发展，历史文化街区的商业价值及开发价值逐渐增高。大规模的改建和拆建，使大量原住居民搬迁流失，许多珍贵的人文历史信息也随之逐渐消失，造成了街区的历史文化记忆与文脉传承的不同程度的缺失。这样导致在历史文化街区（风貌区）的保护开发过程中经常会出现历史文化资源缺乏的问题，无法保证保护开发工作的快速推进。如目前的南公园、梁厝两个特色历史文化街区的保护开发工作就面临文化资料比较缺乏的状况。

二是同质化文化旅游产品居多，文化特色彰显不够。每个历史文化街区（风貌区）都有其独一无二的特色文化底蕴，文化旅游产品最重要的特点就是地方性、纪念性和艺术性，特色是文化旅游产品的生命。目前福州市各街区（风貌区）的文化旅游产品以低端物质消费为主，高端文化品位欠缺，在三坊七巷、上下杭等历史文化街区（风貌区），基本上都充斥着同质化的文化产品，最多只是福州特色的文化旅游产品，如鱼丸、肉燕、软木画等，缺乏具有本历史文化街区（风貌区）特色的独创性、有影响力的文化创意产品。大量的同质化文化旅游产品冲淡了观众对历史文化街区（风貌区）的吸引力，降低了历史文化街区（风貌区）的彰显度，使历史文化街区（风貌区）的特色不能得到充分凸显。

三是宣传方式手段不多，缺乏独具特色的有影响的文化宣传品牌。在上下杭历史文化街区调研中，我们发现目前的历史文化街区（风貌区）的宣传基本采用静态宣传为主，如照片、广告、网站、微信公众号等单向的宣传，缺乏与群众的互动等双向的宣传手段，导致历史文化街区（风貌区）的群众参与度不高。由于管理体制等因素，缺乏统一的历史文化街区（风貌区）的宣传推介平台，各个历史文化街区（风貌区）基本上各做各的，在一定程度上制约了历史文化街区（风貌区）的推广。

四是文化人才储备不足，文化创意人才缺乏。在调研中，各运营单位普遍反映文化人才储备不足，如上下杭历史文化街区保护开发公司的文保部只有四五个人员。面对全面铺开的历史文化街区（风貌区）建设显得力不从心，疲于奔命。而且从事文化保护的人员基本上是年轻人，很多还不是文化专业，对福州文化不熟悉，缺乏系统的了解和认识。同时，缺乏懂文化、会经营的文化创意人才，使得历史文化街区（风貌区）的文化特色彰显不够。

二、做好福州市历史文化街区（风貌区）保护开发工作的启示

根据本次调研情况，结合兄弟城市经验，我们认为，要做好福州市历史文化街区（风貌区）保护开发工作，需要注意把握以下四点。

（一）要围绕一个"保"字，即在保持历史文化街区（风貌区）原有风貌上下功夫

历史文化街区重在保护外观的整体风貌。不但要保护构成历史风貌的文物古迹、历史建筑，还要保存构成整体风貌的所有要素，如道路、街巷、院墙、小桥、溪流、驳岸乃至古树等。历史文化街区不能只保护那些历史建筑的躯壳，还应该保存它承载的文化，保护非物质形态的内容，保存文化多样性，彰显其独特的文化内涵。如我们考察的济南市，在推动百花洲历史文化街区的保护开发中，以"体味和尊重原有建筑风味，打造体现济南传统文化的标志性景观"为定义，尊重百花洲地块的历史和现状，突出泉水文化特质，挖掘和保护老济南人的传统文化记忆，将百花洲历史文化街区打造为展现济南传统文化与记忆的标志性场所。上下杭历史文化街区的保护开发工作认真总结了三坊七巷历史文化街区的保护开发过程中的经验和问题，由"修旧如旧"提升为"修旧还旧"，突出保持历史文化

街区（风貌区）原有风貌。在建筑方面，注重对历史建筑的精细化修复与改造，结合地区原有人群结构以及区域文化特性，通过对各文物保护建筑分别采取有效的保护与整治措施，使历史建筑得到了精细化修复，保证对该区域历史风貌的整体有效的保护。突出上下杭地域特有的社会文化特征，将可持续发展原则更加深入贯彻，力求达到历史文化街区活力再生的目的。在周边环境方面，要致力于沿线治理街道河道的风貌环境的修复，保证区域整体空间形态和原有街巷格局的基本特征，最大化继承并发扬其历史文化特性。由于上下杭地区周边缺少大型的商业中心拉动区域经济，因此街区后续的发展要更加注重对街区商业价值的挖掘，但如今的街区距离重现往日港口商贸的辉煌还有一定差距，仍旧需要进行进一步深化和提升。

（二）要围绕一个"特"字，即弘扬历史文化街区（风貌区）特色上下功夫

每一处历史文化街区（风貌区）都会有其独特的建筑特色及历史文化背景。这种独特性不是由街区中的单体建筑所体现的，而是街区中的建筑群及其组成的院落、街巷，加之空间环境、内部细节元素等等所组成的一个集群性的整体风貌来体现的。历史文化街区（风貌区）的社会格局，受到功能、自然环境和区域文化的影响，会形成鲜明的特性和社会体系。如三坊七巷过去居住的多为贵族和士大夫，左坊右巷的空间格局充分反映出当时的社会等级差异，是宗族社会的典型代表，体现了宗族礼制文化的内涵。上下杭由于河运、海运贸易，商贾云集，因其特殊的自然环境，形成了河坊筑堤的建筑形态，建筑风格各异，承载着不同时期的风貌特征，形成建筑、宗教、民俗文化的多元性和特殊性。因此，在对历史文化街区（风貌区）保护开发的过程中，要深入挖掘其文化内涵，明确历史街区（风貌区）中的主题元素，对其整体风格进行准确的定位，确保历史文化街区（风貌区）风貌的独特性与整体性的有机统一，并在此基础上实现其功能的复兴。杭州宋城以"清明上河图"为蓝本，以"主题公园＋旅游文化演艺"为主营模式，不仅真实再现了南宋遗风，同时兼顾体验与文化，满足

了游客不断提升的对于景区活动的参与性和文化内涵需求。特别是"给我一天,还你千年"的传播语,蕴含了宋城之"魂",极大程度上激发了游客出游决策,使宋城获得源源不断的客流量。

(三)要围绕一个"活"字,即在活化历史文化街区(风貌区)功能上下功夫

对于历史人文类旅游地来说,人们去旅游是因为其具有独特的文化价值。这种重回历史现场与历史对话的行为是深度旅游发展的基础和灵魂。因此对于文化的优化和活化显得非常重要。历史文化街区(风貌区)属于活态遗产之一,要实现可持续发展,不可能不进行革新并发生变化,在这个过程中,既要防止"纪念碑"式的改造,因为失去活力而没有办法完成文化传承的功能,又要避免由于商业化严重,历史文化被过度的旅游和开发利用所侵蚀带来极大的负面影响,导致历史文化街区(风貌区)无法保留"原真性"。广州荔枝湾历史文化街区针对当地文化遗产类型和数量较多,有着较强的市井气息的特点,优先对各文化遗产的内涵和文化元素进行提炼和升华,利用文化遗产作为创意产业的源泉和宣传推广的媒介,较好提升了荔枝湾历史文化街区的品质。

(四)要围绕一个"产"字,即在激活化历史文化街区(风貌区)文化产业上下功夫

历史文化街区(风貌区)是城市的局部缩影,是城市人民生活轨迹的记录。历史文化街区(风貌区)的发展离不开商业元素的体现,产业的支撑。保护历史文化街区(风貌区)并非是杜绝商业化,而是努力实现文化与商业共赢。合肥市先后开展两批特色文化街区评定,要求街区基础设施完善,布局合理,产业基础良好,入驻文化企业数占全部入驻企业数的40%以上,或文化产业主营业务收入占街区年度总收入的40%以上,或街区上年度文化产业营业收入不低于3000万元,同时结合产业融合、文旅融合等先进理念,有效带动街区经营发展。上下杭历史文化街区按照"打造历史文化与现代商业有机融合的特色高端街区"的要求,坚持历史与现代深度融合、传承与创新共生,着力打造"人文双杭""创意双杭""艺术双

杭""曲艺双杭""活力双杭"五大特色版块，进一步激发文化旅游消费活力，培育文旅融合新业态，推动文、旅、商融合发展。鳌峰坊特色历史文化街区围绕"书院文化"特色，开展"海峡两岸书院创新与融合论坛""数载寒窗，金榜题名——走进科举文化"系列活动，打造具有鲜明特色的文化产业品牌，进一步推动街区开发。

三、推动福州历史文化街区（风貌区）保护开发的对策建议

历史文化街区（风貌区）是承载城市文化的重要载体之一。保护开发历史文化街区（风貌区），有利于擦亮历史文化名城的品牌，让历史的印迹随时代的发展而熠熠生辉，更加充满生机活力。要在深入挖掘历史文化街区文化底蕴，彰显历史文化街区文化特色，激活历史文化街区创新活力上持续发力。

（一）加强组织领导，加大对历史文化街区（风貌区）的文化遗存的深度挖掘力度

一是深入系统挖掘。建立由政府主导的历史文化街区（风貌区）文化遗存的挖掘整理工作机制，由名城委或者文化和旅游局牵头，采取政府购买服务的方式，整合高校和社会研究力量，对各个历史文化街区（风貌区）的历史遗存进行全面、深入的挖掘整理，建立历史文化街区（风貌区）的历史遗存档案数据库，摸清家底，充分利用大数据和人工智能的工程化方法对文化遗产进行采集、提取、解读、重构、可视化分析、知识图谱建构等处理开发，使之能够方便地使用于新的文化创作、生产、传播、消费过程，为历史文化街区（风貌区）保护开发提供强有力的文化支撑。二是充分展示成果。要在挖掘整理的基础上，综合运用多种手段对各个历史文化街区（风貌区）的历史文化遗存进行展示，即做好"四个一"，出版一本系统介绍历史文化街区（风貌区）的书，绘制一片反映历史文化街区（风貌区）的VR（全景图），创作一部展现历史文化街区（风貌区）文化底蕴的MV（音乐宣传片），制作一个导览历史文化街区（风貌区）"二维码"，能够更直观、更形象、更深入地了解历史文化街区（风貌区）丰富的底蕴和内涵。

(二)推动文化产业发展,彰显历史文化街区(风貌区)的文化特色底蕴

一是坚持产业规划先行,合理确定功能和业态布局,注重文化、商贸、旅游等各方面的协同发展,将"文脉"与"商脉"有机统一起来,实现人文、商业、旅游、产业聚合共生,既增强广大市民的文化认同感和归属感,又激活历史文化街区(风貌区)的商业氛围,放大社会效益和经济效益。要根据各街区文化特色及实际情况,综合考虑街区经济、文化各方社会效益进行筛选,对招标商铺门类进行合理规划,全面把控,寻找平衡点,避免过度商业化。特别要针对"老字号"等特色对象择优重点扶持发展,推动历史文化街区的可持续发展。二是打造特色文化产品。文化旅游商品的开发应注意充分体现传统文化的特色,突出其唯一性和无可替代的地方特色,注重将历史文化街区内的文化遗产转化为特色文化产品,运用传统工艺创作方式展现历史文化街区遗产的独特魅力,创作一些以历史文化街区(风貌区)为主体的工艺作品,充分展现历史文化街区(风貌区)的艺术价值,凝练出历史文化街区(风貌区)遗产的当代符号。如三坊七巷历史文化街区可以发挥"明清古建筑博物馆"和名人荟萃的特色,开发林则徐、严复、沈葆桢等人的漆画产品,以三坊七巷的明清建筑特色为背景的工艺品等。上下杭历史文化街区作为福州市井风韵的重要代表,可以进一步整合街区内的蔡五炒粉、唯我锄边糊、潮安嫩饼店的咸、甜炒粉等著名小吃,打造"闽都传统小吃一条街"。鳌峰坊特色历史文化街区可以进一步挖掘书院文化底蕴,开发"文房四宝"等文化学习产品。三是深入挖掘历史文化街区(风貌区)遗产及街区空间的特色文化,以历史文化街区遗产为主体,设计出具有文化创意性的旅游项目,促进文化保护与文化旅游产品互动。如上下杭这个天然码头的优越地理位置,人们因往来航运而聚居于此,产生并繁华了市井生活,造就了上下杭的商贸文化、会馆文化和宗庙文化的地位。可以设计开发上下杭水上游览项目,再现上下杭"百货随潮船入市,万家沽酒户垂帘"的景象。鳌峰坊特色历史文化街区可以利用街区内的"状元步道",设计推出系列状元文化体验游乐项目。四是打响特色文化品牌。文化的地域性、传承性、独特性等特点决定了文化旅游

往往很难模仿和复制,一旦开发出来,便应是独一无二的文化旅游资源。历史文化街区(风貌区)应通过其独一无二的文化主线蓝本来开创特色品牌,实现"文化+旅游""文化+商业"的全产业链融合发展。要根据各个历史文化街区(风貌区)不同的文化特色,着力打造特色文化品牌,形成各具特色、有影响力的文化品牌,进一步凸显街区文化特色。如三坊七巷历史文化街区可以以坊巷名人为载体,充分发挥名人效应,组织开展"闽都名人"系列高端学术研讨交流活动,形成系列研究成果,不断提升街区文化的影响力。上下杭历史文化街区要立足打造商贸文化、市井文化、宗教文化品牌,打造"福建商业文化高端展示区""福州民俗文化展示区"和闽台信俗文化交流等品牌。五是立足体验互动性,推进文创产业发展。现代游客对于文化旅游体验的要求越来越高,不再满足于"有物可看,有话可说"的传统旅游经历,而是希望通过视觉、味觉、嗅觉、听觉等全方位的参与,充分体验旅游目的地的文化内涵和地方特色。要鼓励开发具有鲜明街区特色的文化艺术产业,打造旅游商品区、特色小吃区、文化表演区、沉浸式体验区、文化娱乐区等旅游功能区,引导和推动文商旅融合发展。

(三)活化利用历史文化遗产,激发历史文化街区(风貌区)活力

要通过历史文化+故事打造+场景体验的运营方式,让文化遗产再次"活"起来,也是对其最好的传承。一是激活文化遗产的时代价值。要在对街区内文化遗产资源进行系统梳理的基础上,通过科学的评估,最后确定各类文化遗产的保护方式和保护等级。对一些适宜进行旅游开发的文化遗产,设计其开发分期、开发强度和开发措施,并从文化旅游策划的角度,合理设计出其旅游产品的转化方式,构建文化遗产资源的旅游商品谱系。要建设"闽都非遗一条街",通过恢复传统老字号商铺,传承非遗文化资源,开展相关民俗活动等,打造具有集独特性及体验的深度性一体的街区文化旅游品牌。二是进行传统民俗文化活动内容的再打造。活动内容的打造一定要与街区(风貌区)定位、调性及其文化资源强相关,不仅要体现对街区原生文化的传承,更要有其自身的独立思考和新元素的融合,

形成专属记忆和独特的文化符号，积聚目标客群。如可以组织对上下杭地区的美食文化进行系统挖掘整合，最大限度还原传统美食的原真性。三是搭建智慧文化街区。除了以高科技为运营支撑的业态引入和常规的公众号、小程序等新型媒介的运用外，可建设大数据平台，在客户端向游客提供查询、导航、内容推荐、语音导览、刷脸支付等功能，还可通过实时路况、顾客/行业洞察及智能预警等功能为经营者提供决策辅助。

（四）打造特色鲜明的历史文化街区（风貌区）的宣传品牌，持续扩大闽都文化影响力和号召力

一是要重视历史文化街区（风貌区）文化宣传品牌打造与提升，通过对历史文化街区（风貌区）品牌形象的策划、宣传和包装，以及对特色活动品牌的打造，将两者进行有机结合，共同推动街区宣传品牌的提升。二是整合宣传资源。要实现宣传资源口径的共享互鉴，致力于提升整体宣传效果。同时要巧用资源，实现最大化的宣传效应。各历史文化街区（风貌区）可在现有宣传资源上进行改进相互宣传，例如，在景区门票、景点宣传单上进行联合宣传，使宣传资源宣传效应进一步扩大化。三是组织艺术家走进历史文化街区（风貌区）采风，通过摄影、绘画等形式，艺术地再现历史文化街区（风貌区）风貌，吸引更多的游客。

（五）加强文化人才培养，激活文化创新活力

统筹推进文化人才队伍建设，着力打造一支专业精通、文化深厚、结构合理、作用突出的文化人才队伍。一是建立文化重大项目和课题引才机制。通过项目招标、技术委托、合作开发等形式，吸引文化保护、旅游、动漫游戏、影视传媒、文化会展、创意工艺等方面的高层次人才创新创业。二是探索弹性引才机制。设立短期工作岗位，采取短期聘任、项目合作、技术服务、科研、讲学、兼职、咨询等柔性流动方式，吸引各类高层次文化人才。三是鼓励支持高层次人才开展学术交流。支持重点文化企业，承办或联办高层次人才学术会议或学术论坛，加强与海内外同行优秀专家的深度交流和广泛联系。支持高层次文化人才参与国际国内学术会议、交流访问、短期进修等学术研修活动，并按照高层次人才层级和学术研修活动层次给予一定津贴资助。四是改革人才引进标准。综合采用职称、学历、

论文以及企业年薪等多种标准，不拘一格引进人才，形成人才集聚效应，服务历史文化街区（风貌区）文化保护开发。

课题指导：
练知轩（福州市政府原市长、市人大常委会原主任，闽都文化研究会荣誉会长）

组　长：
徐启源（中共福州市委原常委、秘书长、统战部部长，闽都文化研究会会长）

副组长：
陈伙金（闽江学院原副院长、闽都文化研究会常务副会长、秘书长）
卓继辉（福州市文联党组书记）
郑庆昌（福建农林大学软科学研究所所长、教授、博导，闽都文化智库专家）

参与单位：
市委政研室、市文联

成　员：
李贵勇（中共福州市委政研室副主任）
周耿忏（中共福州市委政研室副主任）
刘传标（福建省社科院历史研究所所长，研究员，闽都文化智库专家）
陈思源（福州市文化和旅游局副局长、闽都文化研究会副会长）
王阿忠（福州大学经济管理学院系主任、教授、硕导，闽都文化智库专家）
王　坚（闽都文化研究院院长）

执　笔：
王　坚

闽都文化与乡村文旅产业融合研究

【摘要】乡村振兴离不开文化振兴，在乡村振兴建设中，文化扮演着重要的角色。近几年来，福州市许多县乡因地制宜，充分挖掘浓缩厚重历史文化底蕴的闽都文化资源，大力开发旅游产业，探索建构了闽都文化和乡村旅游产业融合的模式，为乡村振兴培育了新的经济增长点。本文通过对部分山区及沿海县乡的调研，展示各地文旅融合的实践，提出补齐短板和弱项，推进和提升闽都文化与旅游产业融合的质量，接续打好乡村振兴文旅融合牌的若干建议。

【关键词】乡村振兴；闽都文化；文旅融合

实施乡村振兴战略是以习近平总书记为核心的党中央顺应亿万农民对美好生活的向往，对"三农"工作作出的重大决策部署，是新时代做好"三农"工作的总抓手。习近平总书记要求，"各地区各部门要把实施乡村振兴摆在优先位置"。乡村振兴，产业当先，习近平总书记为此明确提出"发展产业是实现脱贫的根本之策"。为认真贯彻落实党中央的重大决策部署和习近平总书记提出的要求，以及福州市委关于实施乡村振兴战略的具体部署，近几年来，福州市多个县乡，结合本地区实际，因地制宜，精准发力，努力挖掘闽都文化资源，并积极与旅游产业有机融合，培育出一批各具特色的文旅融合产业。昔日的文物变成了景物，过去的山区变成了景区，一度的穷乡僻壤如今已经是美丽的乡村，吸引了一批又一批游客纷至沓来观光旅游"打卡"，一幅产业兴起来，人气旺起来，农民富起来的崭新画卷正在次第展开。本课题通过对若干乡村的抽样调研与分析，探讨如何补齐其中的短板和弱项，更好地充分利用丰富的闽都文化资源，推进闽都文化+旅游产业与脱贫攻坚的深度融合，接续打好乡村振兴文旅融合牌。

一、实践与亮点

近两年来，我们先后走访了永泰、闽清、罗源、连江等地部分乡镇，同时，还考察调研了省内其他乡镇。通过资料查阅、问卷调查、田野考察与阶梯式访谈等多种方式开展调研。可以看出，由于闽都文化其资源禀赋、历史渊源的不同，各乡镇在挖掘利用方面有许多差异，但是各地在推进乡村文旅融合产业发展，做好乡村振兴这篇文章方面都具高度一致性，而且亮点不少。

（一）盘活闽都文化资源

1.活性保护文化遗产《中共中央国务院关于实施乡村振兴战略的意见》指出："立足乡村文明，吸取城市文明及外来文化优秀成果，在保护传承的基础上，创造性转化、创新性发展，不断赋予时代内涵、丰富表现形式"。福州市乡镇在活性保护文化遗产方面精准施力，亮点频发。如山区特型为主的永泰县，在金山银水间散落着无数非遗宝藏——庄寨，有"庄寨之乡"称谓。近年来永泰县通过深挖庄寨的文化价值，赋予庄寨复兴非物质文化意义，构筑了普适情怀——乡愁。立足于此，永泰着力保护激活庄寨文化遗产，发展文化旅游产业，已经探索出一条乡村振兴的有效途径。

修复一座古厝，复兴一个乡村。连江县丹阳镇坂顶村杜棠三落厝古民居修复也是活性保护文化遗产的案例。古厝始建于唐朝，明嘉靖年间，古厝遭大火烧毁后全面修建，保留至今的便是修建后明朝唐风的建筑。三落厝与闽侯白沙古民居、闽清宏琳厝古民居、福州南后街明清建筑的纵深分布三进格局风格迥异，由三座水平三进、以过雨亭相互连接的四合院组成，独具特色。历经数百年风雨，古厝已破落不堪，人去楼空。当地政府对这座被青山绿水环绕的历史古厝进行了修复，使之重生并焕发光彩，不仅保护了文化遗产，也让古厝成为当地文旅融合产业中一抹亮丽的风景线。

罗源县重推活化利用畲族文化遗产举措。罗源畲族人口相对数位居全国第四,是历史上畲族迁徙的重要中转站,是全国知名畲文化的重镇。这里有被习近平总书记亲切称为"罗源装"的罗源畲族服饰,该县畲族医药获评国家级非遗,围绕畲族文化另有5项省级、5项市级非遗,还有3个市级非遗传承示范基地等。近年来,罗源县高度重视对少数民族文化遗产的保护传承和创新利用,努力让畲族文化成为当地乡村旅游的赋能,其中结合每年举办的"三月三"歌会等等大型群众性畲族艺术活动,拓展民族特色旅游,是文旅融合的亮点之一,该县还采取多种方式开发旅游产品,促进畲民增收致富。

另外,连江县修复定海古城,也是活化文化遗产开发文旅产业的尝试。位于连江县筱埕镇的定海渔村,历史文化积淀深厚。该村落形成于西晋太康年间(280-289),明洪武年间防倭寇建城堡,古城历史由此开始。现今定海依然保存着古城主体风貌:临海而筑的古堡雄关,雄伟气派的"会城重镇"牌匾,三道拱洞形成的"三重门",回环分布的雨巷,冬暖夏凉的古井,青石垒砌的石屋,大如华盖的老榕。这里不仅有五代闽王王审知对外贸易港——甘棠港遗址;宋代沉船及大批古陶瓷等海底文物;抗倭抗日以及近代红色文化的无数遗址遗迹。还有形成于明朝万历年间的海上赛龙舟习俗,它的由来和变异构成这个千年古城独有的非遗。目前,连江县正有计划积极推进该古城文化遗址的修复,使之成为历史文化特色景区。

2.有序整合多元文化。近年来,福州市各县乡镇在充分挖掘本地丰富的文化资源基础上,以最适合本地发展的方式整合,并以此推进文化产业的发展。如闽清是著名的礼乐之乡。闽清人陈旸与其兄陈祥道是宋代著名音乐理论家和礼学大家。陈旸《乐书》和陈祥道的《礼书》对我国古代音乐理论的研究和中华礼仪文化的发展产生重大的影响,《乐书》《礼书》都被收入《四库全书》。近年来,这个县将挖掘和弘扬礼乐文化作为本县重点文化建设工作来抓,突出打造"中国礼乐文化之乡"。闽清的陶瓷文化、乡贤文化、古厝文化、民俗文化、宗祠文化、红色遗迹文化、温泉文化以及千年闽江流域船运文化等,也都具有闽清当地乡土特色。闽清县挖掘特色、系统整理、打造亮点，努力建设一个以礼乐为纲、众目齐张，特质鲜明的梅邑文旅产业链。

地处福建省东南沿海的连江县，东与台湾、马祖列岛一衣带水，西傍省会福州，南扼闽江入海口。连江全县总面积有4280平方公里，其中海域面积有3112平方公里，境内有"三湾"（罗源湾、黄岐湾、定海湾），海洋文化资源丰富，文化遗产厚重：既有闽越族人以舟代步的疍民文化遗产，又有源远流长闽台交流文化遗产，还有海丝枢纽、郑和泊地的遗址遗迹，同时兼备丰富多彩畲乡文化和红色文化。连江县在梳理文化资源中，凸显区域文化优势，紧锣密鼓打造的如渔夫岛、运动小镇等海洋文化旅游项目，越来越吸引人们眼球。

（二）探索文旅融合路径

文化是灵魂，旅游是载体。文化资源如何利用并通过文旅发展转化产出，让乡村振兴活起来，让广大村民富起来，各地都在积极探索有效途径。不完全归纳，主要表现有以下两个方面。

1. 自上而下统筹运作山海交集的罗源不仅有知名的畲乡非遗文化，其红色文化、古厝文化、乡贤文化、民俗文化等多元并存。罗源县制定以品牌带动、多元文化相互融合，合理推进的文化建设总体规划。同时根据各乡镇特点，因地施策，既突出重点又亮出特色。罗源县将畲族文化遗产作为文化旅游产业特色IP打造，以"畲家福地"为主题，大力推动文化旅游融合。乡党委政府紧跟县委县政府步伐，立足区位优势，推出各乡发展计划。全县联动，落到深处落到实处。以白塔乡为例，他们根据本乡文化资源，提出"一园两区"发展思路："一园"即白塔乡乡村振兴产业园，"两区"即以百丈村、凤坂村为中心的红色文化生态康养旅游区和以南洋村、塔里村为中心的民族团结进步示范区。依托中国工农红军北上抗日先遣队罗源（百丈）指挥部旧址，进一步挖掘整合周边凤坂村等资源，全力打造罗源百丈红色旅游综合体。百丈红色旅游综合体建成后，2019年以来已接待游客2万余人次，还成为福州市中小学生研学教育基地，市爱国主义教育基地等。文旅建设带动乡村面貌发生巨大变化：凤坂村于2019年被评为省级卫生村，并荣获"全国乡村治理示范村"称号，列入2020年省级乡村振兴示范村；百丈村2020年被列为省级美丽乡村建设提升村。

2."公导民办"多方参与。在乡村文旅产业开发中，许多地方采取"公导"+民办叠加路径，取得较好效果。例如永泰庄寨修复和利用便是实行"公导民办"模式。永泰县采取"专家学者研究+党委政府引导+村民参与实施"的方法，县里成立了专家指导委员会，由国内知名专家组成的专家团队为永泰庄寨建设把脉问诊。专家从专业角度为庄寨建设出谋划策，规划科学方案。同时依托社会和村落的人脉资源，乡镇组建了理事会、基金会、合作社和乡建联盟等4种形式的社会组织，形成了一套优势互补、行之有效的乡村治理体系。理事会的成立，建立起与政府的固定联系制度，并很快凝聚了庄寨族人之力，乡民们或出资，或出力，或让地，或献策，积极参与庄寨复兴。庄寨的修复、文旅产业的初运行效益明显，其中该县荣寿庄、爱荆庄、仁和庄等庄寨就是典型的例子。

连江杜棠三落厝古民居的改造开发，则是走"公导外投"路线。古厝改造由厦门朗乡文创旅游发展有限公司投资施工，内容包括溪口度假酒店、祖厝文创区（朗乡学堂、朗乡艺术馆、乡村书店、古戏台等）、美食广场、咖啡奶茶糕点、陶瓷琉璃工作坊、民宿家大堂等商业场所。该项目不仅得到县委县政府的高度重视，也得到时任省委副书记、市委书记王宁的关注。2018年10月，王宁书记一行人对该项目进行实地考察和调研，王宁书记给予充分肯定。项目通过文创产业，将丹阳生态与人文优势加以串联，打造以休闲度假为主，具有鲜明地域特色和浓郁闽东乡村文化氛围的复合型休闲度假胜地。杜棠三落厝已于2018年12月对外营业，成为福州近郊游网红打卡地，福建乡村休闲度假的范本。村民通过加入整治村容村貌，改造民宿的方式投入到文创旅游项目中来，形成了谋求发展，共同致富的良好氛围。

（三）建构文旅产业模式

以县为单位，如何构筑符合本县区发展的文旅融合产业也是各地县委县政府积极考虑的问题，经过近两年的实践，各县模式初现，归纳如下：

1.纵向提升一体化延伸型。永泰县找准古庄寨这一独特的乡土"文化"要素，将庄寨形与非形文化做深做透，并把乡土文化捆绑为一体，使之与旅游产业融合发展。如永泰北山寨民宿的开发。始建于清道光八年（1828）的北山寨，自20世纪80年代后，庄寨荒置。永泰通过打造"白云相爱庄寨酒店"项目，对北山寨保护性修复与活化，经过修缮、活化庄寨内部空间，建起了特色餐厅、休闲茶吧、LOFT客房等，并在庄寨周边修建田野休闲景观、特色生态农业、精品花园、露营地等。永泰白云乡竹头寨铳楼的项目采取同样模式。修复后的竹头寨是一座三层的夯土铳楼，外形与先前庄寨建筑风格一样朴实，里面却别有洞天，一排排木制书架、舒适雅致的咖啡屋，无论是外来的游客抑或本乡的村民都可以在山清水秀的古寨书吧里，品着咖啡、读书阅览，传承了当地白云黄氏耕读传家的优秀传统。永泰县相关部门与厦门大学、中国人民大学等高校建立合作，并通过孵化传统民居，拟将其建设成博物馆、咖啡屋、创业基地等"年轻"场所，吸引年轻人创业。这种纵向一体化延伸的文旅产业模式，已经收到了良好成效。

2.品牌带动多元化并进型。罗源县以畲乡文化为重头戏，逐步构建"品牌+多元文化并进发展"模式。一方面，深挖畲乡文化内涵注重文化传承。整理畲族古籍资料，编辑出版《畲山歌谣》《罗源县畲族志》等书籍，罗源畲族非遗文化亮相第三届中国世界遗产主题文化博览会。培养国家、省、市级非遗传承人12人；另一方面，积极推动罗源优秀畲族传统文化创新性发展。先后举办"畲乡凤来仪"首届中国畲族传统服饰文化周活动；整合两个传统畲族名村八井村、竹里村的畲文化资源，打造罗源畲文化特色IP畲家休闲游小镇；建成全省首个县级畲族民俗馆，建成"线上VR展厅+线下实景+电商带货"模式的民族文化云展厅等等，有效扩大罗源畲族文化的知名度和美誉度。与此同时，立足乡村特色，通过举办农民丰收节、端午包粽子活动、平安接力赛、自行车骑游、传统特色美食、十佳农特产品评选活动等，使乡村农文化融入畲乡品牌文化，丰富文旅融合产业内涵。罗源县品牌带动多元文化并进的模式呈现点线连片、多点开花、融合发展的良好态势，2019年罗源县共接待游客260万人次，旅游收入26亿元。

闽清县努力打造礼乐文化品牌，以礼乐文化为龙头，促进其他文化产业发展。一方面，他们向省里申报创建"福建省特色文艺创作示范基地——音乐创作基地"，建立"福建省或福州市音乐创作实践基地"，设立音乐名家工作室，开展音乐采风、创作和培训；另一方面，与福州市陶瓷艺术研究会、福州市漆艺研究会合作，推动闽清陶瓷工艺、漆器艺术与礼乐文化相结合，开发陶瓷礼乐、漆器礼乐文创产品。同时，建成礼乐文化产业链，让礼乐文化产业带动闽清全域旅游，助力乡村振兴。

3.以文化创意激活古村。在调研中，我们还考察了宁德市屏南县几个乡镇。近年来，屏南县通过"政府支持+艺术家创作+农民参与"的发展模式，探索出以文化创意激活古村，推动乡村文创—旅游发展的新路子，取得很好的成效：2019年，屏南共接待游客623.71万人次，旅游综合收入58.58亿元，同比分别增长23.7%、34.5%。2020年"五一"小长假，全县共接待游客4.29万人次，旅游综合收入2801.37万元。以该县龙潭村为例：几年前，因交通闭塞、经济衰落，导致农村人口大量外出，古村走向沉寂和荒废。为改变这一现状，屏南县通过培育"文创—旅游种子"、实施"实施房屋认租15年"规划，大胆引进艺术人才，探索文创赋能古村的途径。"文创"团队以传统为怀，在充分保留乡村原生态和格局完整的前提上，对古村落进行了修缮和艺术创新，那座古朴典雅的石拱木屋廊桥旧貌换新颜矗立在村口，成为古村的logo；村落黛青色的屋顶连绵不绝，如诗如画。与此同时，随着新"移民"的到来，新理念和新生活方式植入，推动了乡村的华丽转身和文明发展，一座座老宅变身为音乐厅、美术馆、博物馆、展览馆、咖啡厅、茶馆、书吧等等，龙潭村重现生机。在美化乡村的同时，创业者努力培植新业态，推动新农耕产业生长。乡村的勃勃生机，使得越来越多外来者加入创业团队，而且吸引原村民回家创业，不到三年，昔日寂静衰落的"空心村"，很快成为有着600多固定人口的"文创村"。近年来，来龙潭村住民宿品文创的游客越来越多，这里成为人们领略青山绿水、唤起心中乡愁、体验田园生活的好去处。传统和现代、城市和乡村在这里完美的融合。龙潭文创村民宿旅游文化的实践为当今乡村振兴中的古村复兴和文旅产业发展提供了一个宝贵的启示。

二、需要补齐的短板和弱项

1.农村空心化及其对文旅产业发展影响乡村业态新旧转化。农村人口,尤其是青壮年的大量出走是不争的事实,农村的空心化是乡村振兴面临的最主要的问题。城市的发展逐步侵吞乡土文化,导致村民对城市生活的向往和乡土文化的不自信,乡土文化的生存、生产空间被城市文化挤压、同化。在乡村的业态根本改变之前,尚留不住人,招不回游子,导致乡土文化传承人的选择成为一大问题,对于乡土特色文化的挖掘和保护不深透,对文旅融合不利。与此同时,乡村的空心化,土地流转政策的原因,外来创业者始终都是外乡人身份,无法扎根乡村长期创业,影响他们对乡村文旅产业的规划,这都不利于乡村文旅产业发展,也不利于乡村振兴。

2.文旅产业融合发展格局不太理想。出于对乡土文化的追寻,许多游客来到乡村,但感受到的气息往往觉得与其他乡村差异性不明显。乡村旅游产品同质性强、商业味重,当地文化内涵挖掘力度不够,旅游产品内容与当地最具特色渔农文化的融合不密切。文旅产业关联性强,包含"吃、住、行、游、购、娱"于一体的六大传统要素和"商、养、学、闲、情、奇"于一体的六大拓展要素。因此,文旅融合的乡村旅游,在其开发与发展中,一是要找到独特的、富于竞争优势的资源;二是要遵循法律、程序、传统和习俗等规范,制定符合行业基本规范的运作模式;三是应注重创新,引领消费。目前来看,乡村文旅产业发展刚刚起步,融合发展处于创新探索阶段,还缺乏深层次策划和有效运作,乡村旅游风貌格局与乡村不匹配现象还是比较普遍,乡村文旅相关配套基础设施不完善。无论是产品的质量还是旅游自身的规范都有待提升。

3.乡村文化展示与传递的水平不平衡。乡村旅游因其独特的"乡愁"

魅力、淳朴的民风民俗及乡土文化而具有生命力。传递乡村文化的窗口主要通过各旅游点的解说，解说系统的完善与否，解说员的水平高低直接关系到文化的展示效果。我们在罗源中国工农红军北上抗日先遣队罗源（百丈）指挥部旧址参观时，讲解员的解说亲切、专业、到位，使我们流连忘返深受感动，觉得不虚此行。但在其他许多地方，我们发现存在一些比较普遍的问题：一是解说人员解说技能低，意识淡薄。二是解说内容缺少内涵。三是解说媒介不完善。非语言解说主要依赖文字、标牌等展示，但是一些地方文字展板的撰写不够专业到位，解说牌也以便利商业活动为目的，重视文化展示与传递的较少，文化展示较少且缺乏生动性和吸引力。

4.文旅产业激发乡村振兴效果不够明显。如何以"文旅"产业深度融合发展，倒逼乡村加强基础设施、公共服务设施建设的现象尚不明显。在"文旅"产业融合发展过程中当地政府在如何加强农村人居环境整治、乡村文化传承，实现以生产辐射生活，提高村民生活品质和游客体验方面没有全盘规划，政府部门的目标、项目投资方的计划以及本乡本土农民的诉求往往没有很好兼顾。同时，如何通过文旅产业融合发展提供更多就业创业平台，留得住人、招回游子、吸引外来的创业者，达到乡村振兴内生力人才的振兴。如何助推村民参与经营收益分配，并最终实现生活富裕的民生目标，这些模式的研究均需进一步探讨和推进。

三、对策与建议

乡村"文旅"产业融合是农村产业发展的新方向，也是推进乡村振兴的重要抓手，在乡村振兴建设中不断擦亮乡村文旅融合的名片，应按照乡村振兴战略20字方针的总要求，以乡村为本底，以农业为基础，以乡土文化为灵魂，以旅游业为手段，加速"文旅"产业融合，推动区域乡村全面振兴。我们在调研基础上，就今后福州市乡村"文旅"产业的融合发展以及如何有效发挥闽都文化的基石作用，提出若干对策建议。

（一）完善体制机制，加大政策扶持力度

乡村文旅产业融合发展涉及到多部门沟通协调，现存的体制、机制在很大程度上存在制约发展的负面因素。如管理体制上条块分割、多头监管，运行机制上各有关部门因行业规矩而运行不畅。政府部门应发挥其行政职能优势，深入探讨福州市农商与文旅融合路径，可考虑整合农业、旅游和文化、交通、环保等部门职能，设立乡村文旅产业发展专职管理机构，或乡村文旅产业发展领导小组，做到科学规划、统一部署、综合联动，资源统筹分配以及服务监管同步。同时制定有效的实施方案，就如何完善乡村文旅产业发展的管理机制、运营机制、创新机制、评价机制、奖惩机制等作出决策，并在财政、金融、土地、税收等方面给予政策支持，使福州市乡村文旅产业切实做到"机制活、产业优"，助力乡村振兴战略。

（二）多元融合，创新乡村文旅产业发展模式

多元融合是乡村文旅产业的发展方向和必然，也是推进中国特色社会主义乡村振兴战略的重要途径。在打破城市与乡村的物理距离同时，借助福州城市扩展、城乡融合契机，创新闽都乡村文旅产业新模式。对已经成型、目前运作良好的文旅产业，应拓展思路，深化产品研究，更上一层楼，如乡村旅游、民俗活动、客栈经营等。对原有基础较弱，但有深挖价值、发展前景的闽都文化遗产，可考虑借助外来力量，或取其所长，或联合开发，如畲族文化中的畲医畲药、畲族历史传承等。

在创新、升级过程中，必须将多元融合引进乡村文旅产业发展，用更加开放的思维，实现破界融合和跨界合作，产生更多的新业态、新场景、新集群，激活乡村文化旅游产业可持续发展的生命机能。文化产业与乡村旅游产业可制定一系列联动组合，融入多种要素，将文创、旅游、生态、建筑、体育、健身康养等加以深度融合，形成"A+B+C"模式，如"文创+古厝""红色文化+生态""保健医疗+康养"等等，做到产业链一体化，从丰富的闽都文化中选择不同文化特色的乡村，组织不同类型的产业集群，借助城乡发展一盘棋，提升乡村文旅产业的产品价值。

（三）保护农村文化生态，发展特点显著的文旅产业

《中华人民共和国乡村振兴促进法（草案）》提出，要保护历史文化名镇名村、传统村落、少数民族特色村寨，整体性保护农村文化生态，挖掘

优秀农耕文化的深厚内涵。闽都乡土文化的内涵十分丰富，农耕文化、古村落建筑、历史遗存、民间习俗、宗教戏曲等等，要发挥文化力量，促进产业兴旺。在乡村振兴过程中，发展乡村文旅产业应以本地独特的文化资源禀赋为基础，整合历史、民俗等文化遗产资源，深入发掘本地文化遗产价值，传承并发展地方农业特色文化。为避免乡村文旅产业的城市化、远离乡土、变形走味，必须将发展乡村文旅产业与乡村文化建设相结合，保留特色鲜明、优势突出的当地文化遗产，活化与农民生活密切相关的闽都文化资源，使文旅产业成为传承、宣传、保护本土文化的主要载体。

（四）主动与市场对接，保证乡村文旅产业可持续发展

乡村文旅产业发展应具有前瞻性，可持续性。鉴于乡村文旅产业发展刚刚起步，尚处于创新探索阶段，大多以自然环境、古村落、历史遗迹为主，对文创资源发掘力度远远不够，乡村旅游地产品的营销意识也相对薄弱，尤其是具有闽都文化乡土特色的文创旅游产品，没有得到很好的重视和推广。一是要加大对乡村文旅产品的设计和研发，尽快使富有闽都文化元素的乡村文旅产品走向市场；二是乡村旅游景点以及乡村文旅产品的设计和推介，在考虑其社会影响力的同时，还应尽可能地深挖其经济价值。比如"畲族罗源装"，可以批量生产带有时尚元素的大众化成衣，而畲医畲药，可与院校或企业联发，生产能推向市场的实用型医疗产品。又如"红色文化""健身康养"等都能找到其为市场所接受的经济价值。三是整合传播渠道，加大营销力度，对乡镇宣传干事、景点解说员以及当地或社会文化志愿者，应进行相对专业的岗前培训，在宣传解说当地文化产品时，除了对历史文化民俗的了解以及对家乡的热爱，还应该拥有让游客喜闻乐见、易于接受的专业素养。

在互联网时代的当下，推进网络技术与文旅产业之间的融合，通过农村电子商务和互联网经济公共服务平台，打出品牌，拓展宣传推广渠道，实现乡村文旅产业与市场完美对接。

闽都文化蕴含中华优秀传统文化的基因，又呈现区域文化的优势，要围绕国家重大区域发展战略，把握本地文化产业发展特点规律和资源要

素条件，促进形成文化产业发展新格局。要坚持以文塑旅、以旅彰文，不断深化文化和旅游的有机融合发展，使之释放出更好更优秀的经济价值和社会价值，同时让人们在领略自然之美中感悟闽都文化之美、陶冶心灵之美。

课题指导：

练知轩（福州市政府原市长、市人大常委会原主任，闽都文化研究会荣誉会长）

组　长：

徐启源（中共福州市委原常委、秘书长、统战部部长，闽都文化研究会会长）

副组长：

林　山（闽都文化研究会常务副会长）

郑庆昌（福建省高校智库区域特色发展研究院院长、教授、博导，闽都文化智库专家）

成　员：

林秀玉（闽江学院教授、闽都文化研究会学术一部主任）

单　南（闽都文化研究会学术二部主任）

陈思源（福州市文新局副局长、闽都文化研究会副会长）

王阿忠（福州大学经贸系主任、教授，闽都文化智库专家）

李贵勇（中共福州市委政研室副主任）

周耿忏（中共福州市委政研室副主任）

李铁生（闽都文化研究院编辑，闽都文化研究会学术一部主任助理）

郑　莉（闽都文化研究会学术一部工作人员）

执　笔：

林秀玉　单　南

六、2021年调研课题

关于借鉴外地经验，进一步推动福州申报世界文化遗产工作的思考

【摘要】全力推动福州申报世界遗产，是打响闽都文化国际品牌，加快建设现代化国际城市的一个重要工作。梳理我国30多年的申遗历程，要高度重视申遗组织领导，科学认定遗产价值，强化保护管理，推动文化遗产保护工作水平不断提升。为此要进一步理顺机制、科学规划、开展调查评估、加大宣传，推动福州申报世界文化遗产工作有序开展。

【关键词】福州；文化；申遗

2021年7月16—31日，"第44届世界遗产大会"在福州成功举办。如何放大"后世遗"效应，全力推动福州申报世界遗产工作取得突破，是打响闽都文化国际品牌，加快建设现代化国际城市的一个重要工作。近年来，我们对闽都文化与福州经济、社会发展及申报世界文化遗产的关系进行了系列研究。本课题重点对其他地方申报世界遗产，特别是文化遗产的申报经验进行梳理，围绕福州如何进一步深化世界遗产申报工作的主题开展调研思考。

一、中国申遗工作的现状分析

（一）世界遗产分布总体情况

自1972年联合国教科文组织在巴黎通过《世界文化遗产公约》以来，每年召开一次的世界遗产委员会大会对各个国家申报的遗产项目进行评审。截至目前，已有193个国家加入《世界遗产公约》，1121个项目列入《世界遗产名录》，其中文化遗产869项、自然遗产213项、自然与文化双

遗产39项。

从世界遗产在各大洲的结构分布来看，欧亚大陆的文化遗产项目较多，其次是美洲和非洲。自然遗产和文化遗产在各大洲的分布相对较平衡。就各大洲本土的遗产结构比例而言，亚洲和欧洲世界遗产的数量比例相差较大，文化遗产的数量远多于自然遗产和双重遗产。大洋洲的自然遗产项目多于文化遗产，这在一定程度上源于其地域独立、人口密度较小，自然环境的原真性保持得相对较好。世界遗产整体结构分布极不平衡，双重遗产占总量不到3%，而文化遗产占到了77.5%。从地域分布来看，遗产数量与各大洲面积不成正比，欧洲遗产数占总量的42%，亚洲占25%。

（二）我国申报世界遗产的情况和经验

我国自1985年11月加入《世界文化遗产公约》的缔约国以来，至2021年7月25日，共有56个项目被联合国教科文组织列入《世界遗产名录》，位居世界第一（其中世界文化遗产34处，世界自然遗产14处，世界文化和自然遗产4处，世界文化景观遗产4处）。无论在世界遗产的数量上还是内容和结构上，中国都可谓是一个世界遗产大国。梳理我国三十多年的申遗历程，有很多经验值得借鉴：

周密细致的组织领导是申遗成功的关键。申遗是个系统工程，涉及文化、旅游、规划、建设、城市管理等多部门职责，同时还涉及翻译、资料、接待、宣传、联络、内外环境等诸多方面。工作量庞大，过程复杂，需要建立强有力、高效率的运行管理机制，强化组织领导工作，才能确保申遗工作有序推进。武夷山在申遗时所面临着许多困难：时间紧——从向联合国递交文本到实地验收仅8个月；面积大——申报总面积为999.75平方公里，是当时中国申报的遗产地中面积最大的一个；协调难——申报区域中省管的单位有数十个，还有4个区、4个乡镇（场）、10多个村；资金缺——需投入的资金在亿元以上，申报伊始，仅有省政府承诺支持的650万元。为了确保申遗工作推进，市委、市政府提出了"举全市之力，不惜一切代价，克服重重困难，背水一战，确保申报世界遗产成功"的决心，全市紧急动员起来，成立了申报"世遗"工作委员会，抽调精兵强将组建指挥部，五套班子成员几乎全部投入申报工作中，克服重重困难，背水一战，确保如期完成申报工作。元上都遗址申报世界遗产的工作从启动伊始，内蒙古自治区党委、政府就成立了元上都遗址申报世界文化遗产领导小组和申报世界文化遗产总指挥部，指导元上都遗址申报世界文化遗产工作，并在经费投入、文物保护以及管理等项工作做出重要决策。组建了元上都遗址申遗现场工作指挥部，指挥自治区的4个考古队，以及来自全国的10余个文物保护、展示、规划设计团队，在元上都遗址开展考古、保护、展示，全面推动申遗工作。

科学认定遗产价值是申遗成功的前提。根据《实施世界遗产公约操作指南》的规定，申报遗产的OUV是确定遗产申报要素、遗产区划及保护管理措施的基础。因此，对申报遗产价值的科学认定和清晰阐述是申遗工作成功的基础性工作。武夷山在申遗时围绕如何把丰富多彩的自然资源和博大精深的文化遗存价值集中表现出来，反复深入论证，上下各方取得共识，突出武夷山是代表生物演化过程以及人类与自然环境相互关系的突出例证；是全球生物多样性保护的关键地区和尚存的珍稀、濒危物种栖息地和独特、稀有、绝妙的自然景观；是"古闽族""闽越族"文化遗存是业已消近的古代文明的历史见证；是朱子理学的摇篮和世界研究朱子理学乃至东方文化的基地等五方面作为申报的主体，清晰勾勒出武夷山的独特面目，使申报世遗的主体内容明确集中。杭州西湖在申遗时主要突出西湖自然山水、成湖空间特征、景观格局、西湖十景、服务景观、西湖文化、西湖特色植物等六个承载普遍价值的元素，体现中国传统园艺、绘画、诗词文化元素，反映出中国农耕文明独特的景观审美传统以及对13世纪至20世纪东亚地区的园艺景观的显著影响。

需要注意的是，世界文化遗产申报工作要在国际视野下审视遗产价值，遗产价值不仅要在遗产所在地达成共识，更要被国际社会认同和接受。世界遗产申报工作的关键就是要用国际社会易懂的思维和方式阐释遗产价值，同时扩大中国世界文化遗产的影响力。在世界文化遗产申报工作中，由于中西方文化的差异，西方更容易理解中国的历史建筑、城池遗址等物质遗产，但遗产背后的东方文化背景，西方人理解起来稍显困难。如杭州西湖申遗时，国际专家对遗产价值表示肯定，但对于中国人关于西湖的情感和审美难以感同身受。登封"天地之中"历史建筑群项目共8处11项，其申遗项目的典型代表为元代郭守敬建造的观星台，它是唐代在西周测日影定地中的基础上修建的重要天文遗迹。西方人对科技建筑的价值很容易理解，但对中国几千年来形成的嵩山（圣山）文化较难认同。

（三）扎实规范的保护管理是申遗成功的基础

世界遗产的评估考察主要是两个方面：一是资源本身的价值；二是保护和管理水平。从根本上说，申遗成功所依靠的必须是遗产地长期以来科学有效的高水平保护与管理。虽然为了更好地符合世界文化遗产的标准，遗产地在迎检前都会进行程度不一的修缮与环境整治，但这种突击式的迎检工程的作用仅仅是锦上添花。在申报武夷山世界遗产过程中，武夷山市委、市政府全力以赴抓好整治工作，不仅针对硬环境，还大力完善软件。工作小组完成了文物普查、船棺遗址分布调查及古汉城遗址、武夷精舍、双仁书院遗址及遇林亭窑址的文物保护管理的整改，收集了150份国家、省、地（市）出台的涉及申报区域内保护管理的法律法规，借调复制了上百件文物，收集、添置上千册书籍，完成了九曲溪、古树名木、文化遗址、绿化、森林病虫害防治、森林防火、旅游发展等十余个专项规划或计划的编制及汇报纲要、解说词、各类图表等大量的中英文材料。杭州西湖和内蒙古元上都是特征十分鲜明的文化景观。其具有遗产面积大、遗产构成要素复杂，和当代社会经济关系密切、面临较大发展压力，其保护管理涉及政府多个部门、超出文物部门传统职权范围等特点。但通过有效的部门协调、保护建设等措施，这两处遗产地均表现出很高的保护管理水平。如联合国专家在西湖考察时，对西湖边茂密的植被就给予极高评价，认为这是西湖保护的重要方面，也是遗产管理部门长期以来扎实有效工作的体现，文本里没有详细描述是一个缺憾，建议提交补充材料予以进一步说明。而元上都遗址申遗过程的一帆风顺，也得益于多年来遗产本体所受的破坏压力较小，遗产具有不容置疑的真实性和完整性。在此基础上，为申遗还做了必要的修缮与整治,达到了锦上添花的效果,确保了申遗的成功。

(四)申遗是推动文化遗产保护工作水平不断提升的动力

申遗的过程也是根据世界遗产的要求和规范对遗产再认识的过程,因此通过申遗能够进一步提高遗产的保护管理水平。如元上都遗址在确定了申报世界遗产的范围后,当地政府很快意识到跨旗县、跨行业的协调与综合保护管理问题,成立了元上都遗址保护管理委员会,负责协调旗、县和盟有关主管部门开展元上都遗址的保护管理工作。为了进一步加强元上都遗址的文物保护工作,又成立了锡林郭勒盟元上都遗址文化遗产管理局,专门负责具体领导和协调正蓝旗和多伦县对元上都遗址的文物保护管理工作。这一管理体制有效回应了国际上对元上都遗址的协调保护问题,国际古迹遗址理事会在评估报告中指出,元上都遗址保护管理委员会与管理局"有效地协调了参与该遗址管理的不同单位之间的工作"。杭州在西湖、大运河、良渚申遗成功后,发挥"三世遗"城市综合带动效应,做好保护、研究、传承、发展、推广五篇文章,着力打造世界文化遗产群落品牌,彰显历史文化名城特色,进一步建设世界文化旅游目的地的"金名片"。

(五)当然,我国的世界遗产申报工作也存在一些不足

一是宣传不够深入。由于世界遗产申报程序较为复杂,申报一项遗产至少需要两年的时间。我国自加入《世界文化遗产公约》以来,筹备申报的远不止已成功及列于预备清单中的项目,许多遗产项目在申报过程中由于各种原因夭折。有的也许能够吸取教训、积累经验东山再起、继续申报,但是由于申报评审越来越严格、竞争越来越激烈,很多项目在未来很长一段时间内都无缘世界遗产的宝座,这其中应该有许多的问题。而即便是申报成功的遗产项目,其申报过程也经历过种种坎坷,但也少有媒体去探讨回顾申报历程中的种种问题及解决途径。这也就使得由于相同原因产生的问题一再出现,更造成了各申报方人力、财力、物力的浪费,也无法使之后的申报项目引以为戒。

二是交流不够细致。世界遗产的申报结果在很大程度上受国际专家

考察评估结果的影响，而如何让国外专家认可中国自然、文化的价值是个大难题。我国申报的世界文化遗产项目一般具有厚重的历史文化内涵，带有独特的东方文明特征，但因文化背景的差异，国外专家很难正确理解其价值，甚至会产生歧义和误解。这就需要我们在申报世界遗产时，用国际通行的方式和思维去表述，让专家读懂的同时，重塑、提升我们的文化话语权。因此，在申报工作初期咨询国内外相关专家并与之交流意见，积极探讨是非常必要的。1991年初，贵州开始启动黄果树申遗工作。1992年，来自国外的两位专家对黄果树的资源、环境进行了考察，并给出"黄果树的风景资源在亚洲是最有影响的"这一高度评价。然而专家同时却以"黄果树风景资源好，但人工痕迹太重、生态环境太差"为由建议暂缓申报。可见这一过程中中外专家的交流不够深入细致，对某些问题没有达成一致意见。2011年申报世界自然遗产的黑龙江五大连池在最后一刻选择退出，理由之一便是"中方与联合国专家出现了分歧"。可见之前的考察评估工作中就已经存在问题，没有协调好就贸然参评，会造成不好的影响。

三是细节不够重视。世界遗产的申报既需要很长时间的前期准备，还要经历漫长的申报过程。对申遗过程中出现的问题及时发现并及时解决，对遗产申报是非常重要的。我国的申遗路上符合此种情况的典型例子便是2009年成为文化景观的五台山。原本五台山以双重遗产的身份进行申报，虽然由于自然遗产的申请遭到了世界自然保护联盟的否定而无缘于双重遗产，但其文化遗产的价值、真实性、完整性和保护管理状况得到了国际古迹理事会的一致认可，本来已毫无疑问可以顺利登录。然而由于补充材料翻译文本上出现了一处小小的用词错误，使得国际同行对相关问题产生了误解，为此国际古迹理事会对五台山的评估建议最初是"补充材料再议"。虽然随后国家文物局对此及时进行修改补充并积极跟进每一审议环节，最终促成申报成功。由此看出，申报方案和文本绝不能掉以轻心，特别是向联合国教科文组织世界遗产委员会提交的申遗文本，必须完整地体现申报项目的内涵和重要价值。

二、当前国际申报世界文化遗产的特点和我国策略

作为缔约国履行《世界遗产公约》的职责之一。申报世界文化遗产必须严格遵守《世界遗产公约》和《实施世界遗产公约操作指南》的相关规定。与此同时，从整个文化遗产保护事业来说，世界文化遗产申报的目的并不是简单地列入《名录》，而是以之作为推动遗产保护及提升整个社会对于文化遗产保护意识的动力和契机。因此，申遗工作也必须密切关注国内文化遗产界内外对于申遗工作的认识和理解，确保申遗带来好的导向和做法。

（一）当前国际申报世界文化遗产的特点

就世界文化遗产的申报工作来说，主要有以下三方面的情况值得关注。

一是《实施世界遗产公约操作指南》中对世界遗产申报数量的控制日趋强化。随着世界遗产总数的日益增多，为了确保《名录》的可信度和世界遗产的可持续发展，世界遗产委员会从2000年开始，对每个国家每年的申遗数量以及当年申遗项目的总量进行控制。从规则制定的角度看，世界遗产委员会的工作思路和方向是鼓励在《名录》上遗产数量较少的缔约国申报行为，以及申报《名录》中代表不足的遗产类型，而对世界遗产数量已经较多的国家，世界遗产委员会则鼓励放缓申报速度，同时也有强化限制措施的趋势。

二是国际古迹遗址理事会对文化遗产项目的评估日趋严格。在申遗规则日渐严格的同时，咨询机构对申遗项目的评审也越来越严。据统计，近年来被咨询机构推荐直接列入《名录》的遗产占当年申报遗产总数的比例呈下降趋势。在具体的评估过程中，国际古迹遗址理事会也会对申报遗产的价值、真实性完整性及保护管理等方面会进行非常细致严格的评审。同时，分别负责文化与自然项目评估的国际古迹遗址理事会与世界自然保护联盟逐渐加强了评估过程中的相互合作，双方会互相参与对申报项目的评估，使其在评估一国于同年提交的文化与自然项目时，会产生更多的权

衡、比较和思量,而这对于基本上每年都会提交一个文化遗产和自然遗产申报项目的中国来说,无疑加大了两个项目同时成功的难度。

三是世界遗产委员会对咨询机构建议的修改日趋频繁。《实施世界遗产公约操作指南》规定,咨询机构在书面和现场评估的基础上就一项遗产是否被列入《名录》做出建议,包括四种可能:直接列入;补充材料再报;重新申报;不列入。而最后的决定权由世界遗产委员会掌握,即世界遗产委员会有权更改咨询机构的评估建议。因此各国在近几年内纷纷加大了申遗的公关力度,而一些委员国出于自身利益的考虑,不是对评审持较为严格的态度,往往会轻易对他国的申报项目表示支持。这些因素导致了近几年世界遗产委员会会议上的一个重要变化,即世界遗产委员会对咨询机构建议的改动越来越频繁,无形中增加了申遗工作的复杂性和不确定性。

(二)中国世界文化遗产申报策略

1.系列遗产的申报

《实施世界遗产公约操作指南》第137款定义,"系列遗产"是作为一个整体(而不是其个别部分)具有突出普遍价值的世界遗产。系列遗产分为捆绑型、联合型和扩展型三类世界遗产进行研究。

捆绑型遗产申报。捆绑型世界遗产是指两处或两处以上具有相同、相似价值的资源共同申报同一届世界遗产项目,其项目申报拥有一个资源单体主导者,统一的遗产名称分布在多个跨区域的类型。这里的"跨区域"一般是在一国之内跨省区的申报。这一较新的申报类型是近些年来世界遗产申报形势不断发展、评选标准越来越严格、各国申报竞争日益激烈的产物,并成为一个新趋势。捆绑型申报有益于形成规模效应,使遗产内容更为丰富,规模更大,更具备竞争优势,申报成功的可能性也就更大。2007年,"中国南方喀斯特"成功申报世界自然遗产是我国跨省区捆绑申报的首次尝试。

联合型遗产申报。联合型世界遗产主要特点是至少两个具有相同、相似价值的资源共同申报同一届遗产项目,在资源的地域属性上要求地域相近,没有资源单体主导者。联合型遗产虽然由于要求地域上的相近性在一定程度上很难形成规模较大的集群效应，但却能够体现出申报的遗产项目价值被挖掘得更为全面丰富且更为深刻，从而形成一定的竞争优势。联合型遗产在我国出现得相对较早，1994年成为文化遗产的承德避暑山庄和外八庙是我国第一项申报成功的联合型世界遗产。近年来，又一新的联合申报形势便是跨国的联合申报，国内是史无前例的。因此我国在此方面最受世人瞩目的尝试便是预备以中国为核心，联合哈萨克斯坦、吉尔吉斯斯坦、土库曼斯坦、乌兹别克斯坦、巴基斯坦、印度、阿富汗、伊拉克、叙利亚、土耳其等29个国家申报丝绸之路。如此众多的国家联合申报一项遗产在世界遗产的申报史上前所未有。这样规模庞大的申报一方面能够更为全面地诠释挖掘丝绸之路的价值并予以保护，另一方面则能够在国际上产生重大的影响力以及竞争优势，有利于促进遗产项目的申报成功。

扩展型遗产申报。扩展型遗产项目的申报在我国最早于2000年出现。我国在此方面的亮点之一是扩展项目的类型不仅限于文化遗产，更延伸到了双重遗产，如泰山的扩展项目中华五岳；另一大亮点便是以一个主题为核心进行扩展申报，而不是像以前仅以被扩展的项目为核心进行申报，例如曲阜的孔庙、孔府、孔林的扩展项目尼山孔庙、孟庙、孟府、孟林、颜庙、曾庙，孔孟之道自古至今都对我国的政治、文化、社会甚至经济的发展有着重大且深远的影响，以此为核心进行申报是比较有新意的。

2.新类别遗产的申报

线性遗产。线性遗产形式的出现是为了能够更为完整全面地挖掘并保护遗产价值，在申报竞争日益激烈的形势下也成为一个实现竞争优势的申报方式之一。我国在线性遗产方面的申报近年来最大的尝试便是预备申报丝绸之路和大运河。大运河虽然无法实现如丝绸之路一般联合多国申报所形成的规模，但它对我国的古往今来的政治经济发展都有着不容小觑的作用。

全球重要农业文化遗产。按照联合国粮农组织（FAO）的定义，"全球重要农业文化遗产"在概念上等同于文化遗产，是农村与其所属环境长期协同进化和动态适应下所形成的独特的土地利用系统和农业景观。如新疆坎儿井被许多学者提议以农业遗产进行申报。坎儿井不仅具备生物及文化的多样性，还与当地自然、社会环境相协调适应，更为当地人们的生产、生活活动及生态环境的可持续发展起到了重要作用，符合农业文化遗产的标准。我国在此方面的尝试空间还很大，如云南哈尼稻作梯田系统在预备清单中虽以文化景观的类别出现，但它申报强调的亮点之一便是农业文化景观。

三、进一步推动福州申报世界文化遗产工作的建议

申报世界文化遗产，是促进福州文化遗产保护和利用的重要抓手，是彰显福州城市特色的重要手段，是打响闽都文化国际品牌的重要途径，是建设现代化国际城市的重要载体。要坚持以习近平新时代中国特色社会主义思想为指导，深刻领会习近平总书记在闽、在榕工作期间关注文化遗产、古厝乡愁、马尾开发、鼓岭交往等一系列重要指示精神，利用福州举办"第44届世界遗产大会"难得机遇，通过申报世界遗产等载体，放大"后世遗"效应，盘活其强大的实用功效，拓展其广阔的影响空间。

（一）强化组织领导，理顺机制，确保福州申遗工作有序推进

一是成立市一级层面的工作专班，加强统筹协调。由于世界遗产申报涉及诸多方面、包括旅游、建筑、城市规划、文化等，肯定会引起权责划分不明，"一个媳妇多个婆"的尴尬局面，这会限制了遗产申报和保护工作的健康有序进行。建议从政府的层面上建立一个能协调统筹全局的机构，强化协调沟通，统筹申遗和保护等工作，切实推动申遗工作有序开展。二是建立专业运营团队。申遗是个系统性、专业性很强的项目，涉及到翻译、资料、接待、宣传、联络、内外环境等诸多方面专业知识。要强化专业人才建设，建立申遗专业运营团队，引进或聘用专业技术人才，壮大专业队伍，为申遗奠定良好基础。

（二）立足国际视野，科学规划，寻找符合闽都文化特征、现状条件和发展方向的申遗路径

世界遗产申报工作的关键就是要用国际社会易懂的思维和方式阐释

闽都文化遗产的价值，扩大中国文化遗产的影响力。要从全球的角度审视闽都文化的资源禀赋，从福州历史文化特色和近年申遗成功的一系列案例出发，寻找符合闽都文化特征、现状条件和发展方向的申遗路径。由于闽都文化不是突出某一方面的单一文化，而是南北融合、海陆沟通的综合文化。早在七八千年前，福州地区就是闽越族先民聚集和发展之地。福州先民们从旧石器时代晚期一路走来，创造了东南沿海地区的史前海洋文化；在商周秦汉上古历史时期，创造了东南沿海早期的海洋文明；唐宋元明清以来，始终是中国海上丝绸之路重要的进出港口和中转站；清代晚期到民国鼎革，五口通商港之一的福州是中国社会政治、经济、文化变革剧烈的城市。传统的街市、古老的坊巷，近代化的造船厂、船政局、水师学堂、闽海关、十七国领事馆以及政治、思想、军事、文化名流，成就了开放包容、兼收并蓄而又独特的历史文化遗产。因此，闽都文化的丰富性、独特性，为福州申遗工作提供了丰富的资源。如福州史前文化与世界南岛语族、闽越国都邑、唐宋元明清海上丝绸之路遗迹、清代至民国港口都市政治经济文化历史建筑群（含三坊七巷、上下杭、烟台山、马尾船政等），都能达到申报世界文化遗产的要求和标准。要根据当前国际申报世界遗产的特点和我国的申报策略，综合研判，统筹考虑，科学规划，精心论证，制定好申遗路线图，逐步开展世界遗产申报工作，最终实现申遗成功。

（三）开展调查评估，体现遗产价值，为福州申遗提供科学依据

根据《实施世界遗产公约操作指南》对系列遗产的规定，遗产组成名单的拟定需要考虑原真性和突出普遍价值，包括对历史地位、文物价值、遗存现状、考古工作及保护基础等方面综合评估，同时还需考虑遗产组成点之间的相关性、差异性和互补性。"真实性"与"完整性"不仅是申报世界文化遗产的重要标准，也与《文化线路宪章》中所阐述的文化线路的认定要素密切相关。而要达到这两个标准，福州的申遗工作就必须从多学科合作、系统科学的综合调查做起。具体而言：一是采用现代科学技术进行多学科合作的科学考古与勘探。在以往调查的基础上采用多学科的技术手段，对申遗点等进行全方位、多学科、多层次的科学考古调查。在全

面系统的考古调查和勘探的基础上，把有历史价值的点串联起来，并选出几个有代表性和文化内涵丰富的重要遗存点，为申遗选点做准备。如闽侯昙石山、庄边山、白沙溪头遗址，平潭壳丘头遗址，福清东张遗址等，作为南岛语族的发源地文化遗存符合申报世界文化遗产名录的两条标准。可以针对世遗要求的第三条标准："对一种文化传统或一种已经存在或已经消失的文明作出独特或至少独特的见证"；第五条标准："成为代表一种或多种文化的传统人类住区，土地利用或海洋利用的典范，或人类与环境的互动，特别是在不可逆转的变化的影响下变得脆弱时"，将福州地区几处史前文化遗址作为南岛语族起源地区和最初的外迁扩散地，同时补充开展以下工作：对以往出土的昙石山遗址的人骨及壳丘头遗址小孩墓出土的人骨，进行粒腺体DNA测序，以证明其与台湾少数民族的遗传关系；对闽侯庄边山或白沙溪头尚存的遗址区再做小规模地精细考古发掘，对遗址墓葬出土人骨分别的DNA脱氧核糖核酸检测，进一步强化和完善分子生物学证据链；对闽侯庄边山遗址、白沙溪头遗址、黄土仑遗址实施全面保护；加强对平潭三处旧石器遗址点和壳丘头遗址的保护，充实和完善南岛语族源头物质文化遗存的证据链。二是加强物质和非物质文化遗存的调查。"文化线路的内容是文化线路的具体遗存，是与文化线路紧密相关的物质和非物质遗产，是文化线路在精神内涵和物质证据的实体"。要在以往普查的基础上立足于申遗需求，对重要物质文化遗产，如遗址、城址、墓葬、石刻、岩画、桥梁、佛塔、寺院、等进行系统调查，并对民间传说、歌谣、民间节日、民间音乐、游艺与竞技、服饰与居住习俗等非物质文化遗产进行系统调查与梳理，从而摸清文化遗产家底，建立完整的现存遗产要素清单和各要素档案记录，为遗产价值的挖掘与论述、保护策略与措施的制定提供准确的依据。三是加强针对性学术研究。对遗产价值的科学认定和清晰阐释是申遗工作成功的基石，根据《实施世界遗产公约操作指南》的规定，申报遗产的"突出的普遍价值"是确定遗产申报要素、遗产区划及保护管理措施的基础，是世界文化遗产申遗的一个重要标准。要紧紧围绕"闽都文化突出的普遍价值"展开，有针对性地开展和加强闽都历史文化内涵、福州与海外多元文化对话与交流价值、民俗文化等方面的研究。如体现清代至民国港口都市政治、经济、文化、历史、建筑群的三坊七巷、上下杭、烟台山、马尾船政等，作为福州非常集中的历史遗存空间，保留了晚清民国发展鼎革时期最丰富的人文思想、革新精神和勇于实践的优秀传统，要组织学术力量，有针对性地系统研究这些遗址、遗迹和人物之间的关系，不同遗址、遗存相互之间的关联，遗址与历史事件的关联，以及对中国近现代的思想、文化和社会变革的重要影响。同时要尽量按历史的原貌来修复古迹，加强管理和历史文化的展示，充分发挥教育功能。四是加强国际交流，打造国际"朋友圈"。要加强与国外相关专家的交流，及时跟踪了解国际申遗最近新动态，积极在国际舞台上发声，讲好福州故事，让国外专家认可闽都文化遗产的独特价值。

（四）加大宣传，提升关注度，为福州申遗提供良好氛围

申报世界遗产很重要的一个因素就是当地人对该遗产的认知度，做好申遗等相关概念理论的普及和宣传是申遗前期准备工作中不可或缺的方面。只有切实提高民众的参与度与认知度，让人民知道保护遗产，从每个人做起，才能有效地保护遗产。一是加强培训。要不断加强对文化线路和申遗相关概念理论的推广，让专业人员正确理解、科学把握文化线路的概念和保护管理方面的原则与技术要点。二是加大闽都历史文化和申遗宣传力度。通过制作宣传片、纪录片、专题片、开设微信公众号、历史文化博客等各种形式推送介绍和研究闽都文化遗产的学术论著；通过新闻、媒体宣传、网络等多种途径，将申遗各个阶段的调查和研究成果及时转化为适应各个层面推广的材料，引起社会广泛关注。三是积极引导公众参与。在申遗过程中，要重视社会公众的积极参与，使公众成为遗产价值传播和延续的媒介，使闽都文化遗产价值获得更广泛的理解和认知，相关的文化传统得以在代际间承传。同时，通过公众参与，使公众成为闽都文化遗产保护的力量，为闽都文化遗产的保护提供更广泛的人力、财力、物力及智力方面的支持，形成全民申遗的良好氛围。

课题指导：

练知轩（福州市政府原市长、市人大常委会原主任，闽都文化研究会荣誉会长）

组　长：

徐启源（中共福州市委原常委、秘书长、统战部部长，闽都文化研究会会长）

副组长：

陈伙金（闽江学院原副院长、闽都文化研究会常务副会长、秘书长）

李贵勇（中共福州市委政研室主任）

陈　昱（福州市文联党组书记、副主席）

郑庆昌（福建省高校特色新型智库区域特色发展研究院院长、教授、博导，闽都文化智库专家）

参与单位：

中共福州市委政研室、福州市文联

成　员：

周耿忏（中共福州市委政研室副主任）

杨　琮（福建省博物馆原馆长，研究员、闽都文化智库专家）

王阿忠（福州大学经济管理学院系主任、教授、硕导，闽都文化智库专家）

王　坚（闽都文化研究院院长）

李铁生（闽都文化研究院编辑，闽都文化研究会学术一部主任助理）

执　笔：

王　坚

闽都文化赋能福州市乡村文创产业发展研究

【摘要】本课题基于近年来我会开展的关于闽都文化与乡村振兴的相关研究，在"十四五"规划开局之年的新形势下，对福州市乡村振兴在深入挖掘研究闽都文化基础上，实现传承保护和创新转化的有机融合，有力推动了乡村文化产业的发展归类述略。同时分析了各地在发展中不同程度地存在着由于文化资源挖掘深广度的薄弱影响创意产业的开发；产业发展规划短视、创意思维滞后，发展后劲不足以及文创产业缺乏可落地增效能的畅通途径等短板。提出深挖闽都文化内涵，促进创新特色产业发展，打造闽都文化国际品牌，使乡村产业发展有机融入福州市"十四五"文化产业发展大局等若干对策建议。

【关键词】闽都文化；赋能；乡村振兴；文创产业

习近平总书记在党的十九大报告中提出"文化兴国运兴，文化强民族强。没有高度的文化自信，没有文化的繁荣兴盛，就没有中华民族伟大复兴。要坚持中国特色社会主义文化发展道路，激发全民族文化创新创造活力，建设社会主义文化强国"。近年来，按照中共福州市委、市政府乡村振兴战略的总体部署，福州市各级党委、政府立足本地乡土文化优势，落实并推进乡村振兴战略，取得了阶段性成果，文化软实力发挥越来越重要作用。福州乡村闽都文化积淀深厚，蕴藏大量文化遗产，是宝贵的人文旅游和文化产业的资源，更是当前优化农村经济结构，赋能乡村产业发展，全面推进乡村振兴的文化支撑，亟需深入挖掘、保护整合、活化利用。

今年是我国"十四五"规划开局之年，中央把巩固脱贫成果、全面推进乡村振兴作为全党工作重中之重。本课题在历年来闽都文化研究会对乡村振兴相关研究的基础上，对新形势下福州市各县乡在传承与弘扬闽都文化，充分利用独具特色的闽都文化资源禀赋，创造性转化和创新性发展，赋能乡村产业发展的实践展开调研。探索建立闽都文化与创意产业深度融合的模式，让乡村发展融入福州市所打造的闽都文化国际品牌，为使闽都文化在福州市乡村振兴及文化产业发展中发挥更大作用提出具有前瞻、可操作的意见和建议，助推福州市乡村振兴的全面发展。

一、闽都文化赋能福州乡村创意产业融合发展述略

2015年12月，联合国教科文组织正式以"文化创意产业"为标题，发表第一本全球文创产业地图，强调以文化为核心、尊重多元创意，指出文创产业作为未来经济发展的主要动力。福州市文化产业"十四五"发展专项规划（2021-2025年）指出：建设现代文化产业体系，推进文化产业高质量发展，对于进一步培育和践行社会主义核心价值观，推进社会主义文化强国建设，具有十分重要的意义。课题组通过对闽侯、永泰、闽清、罗源、连江以及福清等部分乡镇的调研，了解近年来福州市各县充分挖掘闽都文化资源禀赋，创造性转化和创新性发展的实践。各县乡积极采取保护、传承与利用乡村文化资源的有机融合，努力推动乡村产业结构新发展。以文化创意激活乡村文化资源活力，积聚优质资源打造文化品牌，有力拉动乡村产业链，闽都文化赋能乡村产业发展成效初显。

（一）闽都文化遗产在乡村的保护与开发利用

2021年，第44届世界遗产大会在福州市举办，国家主席习近平向大会发来贺信并对文化遗产保护利用做出重要指示。闽都文化遗产资源丰富，物质文化遗产和非物质文化遗产已成为各地保护传承的重点。在近两年的田野调查中我们发现，各县市都高度重视文化的遗产保护，采取相应措施，延续千年文脉，守护闽都之魂。各地县乡不断提高文物保护利用水平，发挥文化遗产的重要作用，不断扩大对外影响力和传播力，打造属于自己的文化创意产品。

如罗源这一非遗大县，有以畲族为代表的国家级、省级、市级、县级非物资文化遗产名录34项，县委、县政府乃至各乡镇，对畲族服饰、八井拳、畲族山歌、畲族医药的保护，做了大量工作，在乡镇建立乡村振兴产

业园,以文化为主打产业,多数畲族乡开设有畲族装和畲族历史展览馆,丰富多彩的非物质文化遗产,结合红色文化、生态环境,开辟出独具特色的畲乡旅游线路。

闽清积极开发传统表演、民俗体验、手工艺活动等特色项目,实现非遗文化元素与乡村振兴深度融合,鼓励社会资本投入和企业参与非遗文化的保护和市场推广,如义窑青白瓷传统手工制作、此天下陶瓷文创产品互动及民俗节目展演等产品推出。

类似的文化遗产及其保护利用很多:如中华民俗龙舟都是白日竞渡,只有长乐三溪村是"龙舟夜渡"。数百年来,每年端午节前后,三溪一直有夜渡龙舟的习俗,流传至今;位于长乐的琴江满族村,保留了满族特有的文艺表演形式——"台阁"。满族村的"台阁"艺术源于我国东北游牧民族逢节庆日所特有的一种民间群体性文娱形式,具有小型、流动的特点,不受舞台限制。"台阁"在琴江村已有200多年历史,近三四十年濒临绝迹。近年,在满族几位老艺人和海外乡亲努力支持下,传统"台阁"开始复苏;福州阳岐盛行的尚书庙祭祀礼仪,在嵩口流传的非物质文化遗产纸狮和虎尊拳等。各地在发挥地域特色、强化本土意识,凸显比较优势方面均已起步。

(二)闽都耕读传家文脉的传承与发展利用

福州市各乡镇拥有众多文庙、祠堂,它们不仅仅成为留住乡愁的物质遗产,更蕴藏着闽都自古重教育,尚礼节,崇文化,"耕读传家"的精神文化遗产。如螺洲的文庙、闽清的二叶堂,六叶堂等等。闽清以礼乐文化为龙头,促进其他文化产业发展。在突出打造"中国礼乐文化之乡"的同时,注重各宗祠家庙对农耕文明的传承。"春祀秋祭"是农耕文明的传统习俗,闽清各大姓氏宗祠都保留了秋祭的传统习俗。如闽清六叶及二叶黄氏宗祠,分别利用宗祠家庙的特殊感召力和凝聚力,留守乡愁,传承耕读传家之文脉。

宋代以来,福州科举事业步入鼎盛时期。福州地区"文儒之乡""文化之村"不在少数:如林浦、螺洲、南屿、嵩口等。螺洲店前村的"陈氏五楼",为末代帝师陈宝琛所建,陈家为福州望族、世代簪缨,螺洲镇借助名人效应和古镇历史文化的沉淀,开拓文化旅游市场,并在"陈氏五楼"开设"家风家训馆"和"陈岱孙纪念馆",助力乡镇旅游文化产业的发展。历史文化名村林浦,有朱熹在此讲学的濂江书院,有历史悠久的南宋行宫等唐宋以来保留的大量文物,是个典型的文物村。历史上出了18个进士,林缪的东林世家,在明朝一季,就有"七科八进士,三代五尚书"的盛誉。近年来,林浦村借助福州海峡国际会展中心的发展,利用保留完好的古代书院——濂江书院,以"四正文化"(养正心、从正道、务正学、亲正人)支撑特色鲜明的尚书文化,开发旅游市场以及传统文化教育,用林浦村丰厚充实的历史文化内涵,合理规划、突出南宋遗风,打造高品质的文化旅游项目。

福州是宋元朱子理学这一新儒学的核心区域,更是清末资产阶级启蒙思想家、翻译家、教育家,中国近代史上向西方国家寻找真理的"先进的中国人"之一严复的故乡,优秀传统文化的珍贵遗产,为福州市乡村文化产业发展提供了独特的资源和精神动力。

(三)闽都乡村古厝文化保护与活化利用

居住是人类社会进步的一个载体,各地不同的居住模式,是人类共同创造的大居住文化的特别的一分子,具有国际意义。闽都乡间古厝历史悠久,数量可观,形态各异,规模宏大。这些古厝均布局严谨、装饰精美、防范与居住功能完美结合,堪称古民居、古建筑的经典之作。各地县委县政府对这些传统村落和传统民居都加强文物保护,挖掘古厝文化,活化利用。

如永泰县深挖独特古厝庄寨的文化遗产价值,科学复兴。在不损害原有形态的前提下,进行重新规划和修缮,完善功能、优化环境,提高宜居程度。一些现代理念和先进技术的注入,使之获得新生。经过扬弃之后的传统民居,提供了既能享受现代文明的便利,又能体验传统乡村文化的生活方式和文化形态。永泰县以点带面,由表及里,把庄寨的复兴与村落整体改造及乡土文化捆绑为一体,这种保护性开发、发展性保护的模式，为传统村落的保护、传承和发展提供了一种路径和借鉴。连江县丹阳镇坂顶村杜棠三落厝古民居修复也是活性保护古厝文化遗产的案例。当地政府对这座被青山绿水环绕的历史古厝进行了修复，使之成为当地文旅融合产业中一抹亮丽的风景线；闽清有着从明、清到民国的数百座古厝，如宏琳厝、四乐轩、娘寨等。县政府一方面抓好古厝的抢救性与保护性工作。另一方面加强指导，积极鼓励民间力量参与古厝保护与利用工作，让古民居重新焕发出迷人的光彩，在社会上产生了较大影响。

（四）闽都族群文化与文创产业开发

福州各县分布着除汉族之外的其他族群，挖掘这些族群的文化特点也是推进当地文创产业发展的主要途径。

如罗源县是全国知名畲文化的重镇。这里有被习近平总书记亲切称为"罗源装"的罗源畲族服饰。近年来，罗源县高度重视对少数民族文化遗产的保护传承和创新利用。他们结合每年举办的"三月三"歌会等大型群众性畲族艺术活动，拓展民族特色旅游，并采取多种方式开发畲族文化创意产品，促进畲民增收致富。

疍民，是历史上生活在闽江中下游及福州沿海一带水上的居民，他们以船为家，也称连家船民。福州地区沿江濒海的县、市、区，都曾是疍民生活、生产栖息地。福州疍民这一相对独立于岸居汉人的族群起源于古代闽越人，世世代代的水上生活，使他们存留了闽越人许多独特的文化，有独特的服饰住所、渔歌以及婚丧嫁娶、生活习俗等等，福州疍民渔歌已被列入福州市非物质文化遗产名录和福建省非物质文化遗产名录。20世纪90年代，省政府将福州疍民上岸定居列入"造福工程"计划，2003年上渡尤溪洲最后一批47户167人的疍民上岸，疍民的居住环境彻底改变，他们的传统文化也慢慢萎缩和逐渐消失。市政府和各县区就如何抢救并活化利用疍民文化做了大量工作：连江、罗源等地开发了渔家乐等水上旅游项目，渔船海钓美食，打造渔业生产和旅游相结合的文化产业，如奇达生态渔村的渔家乐等。

(五)闽都生态文明与康养休闲产业打造

福州四围环山,一水纵贯,山水相融,相互辉映,构成了优美的自然空间。位于盆区中央的福州城区,四周被群山峻岭所环抱,发源于武夷山脉的闽江,横穿福州市内,自西向东流经闽清、闽侯、长乐等县区,分别从长门水道和梅花水道注入东海。福州各县无论山区、平原和沿海的乡镇均有其独特魅力。闽都优越的生态文明为发展乡村田园+养生+康养模式产业提供了肥沃土壤。

如闽侯县为打造国家级医疗养生产业示范基地,以旗山森林温泉度假村为基础,打出"旗山国际森林疗愈养生小镇"品牌,拟建成一个国家级的旗山国际医疗旅游示范区和森林康养示范基地、医疗产业基地两大基地,以特色小镇、美丽乡村为核心的国际生态旅游与康养产业。

温泉是福州得天独厚的"软黄金",福州有"中国温泉之都"之称。温泉文化历史悠久,资源丰富。闽清、闽侯、永泰等县利用自身地热资源,将温泉文化与医疗养生结合,发展康养休闲产业。

闽侯大湖乡的特色生态农业园,政府主导联合媒体、音乐协会以及相关企业,在千亩稻田之上,举办了"祖国山河美,大湖稻花香丰收节",一睹稻田翻滚千层浪,农舍相连远山翠的瑰丽景象。原来贫困的大湖乡马乾村,在村委会带领下,利用当地高海拔的地理优势,打造了以牡丹园为中心的包含油菜花、梅花、野杜鹃、芍药等多种花卉养殖产业,逐步推出花卉观赏、销售、农副业产品开发等系列创意产业,引领乡亲们奔小康。

福州市闽侯县五都村观云山、连江县先生的山和该县的香山被认定为2021年国家级森林康养基地。充分利用生态文明优势,发展康养旅游,开发特色医疗、温泉疗养、中医药养生、森林康养等健康旅游产品,福州各县已经普遍开花,成效显著。

二、省内外经验的启示

为更多地借鉴乡村振兴中文化创意产业发展的有益经验,我们还考察了本省其他县市以及省外部分县镇,他们的实践给我们很好的启发。

(一)引进人才，文创兴村，屏南龙潭夏地风生水起

近年来，屏南县通过"政府支持+艺术家创作+农民参与"的发展模式，探索出以文化创意激活古村的路子。他们通过培育"文创—旅游种子""房屋认租15年"规划，大胆引进艺术人才，探索文创赋能古村的途径，取得很好的成效：2019年，屏南共接待游客623.71万人次，旅游综合收入58.58亿元，同比分别增长23.7%、34.5%。2020年"五一"小长假，全县共接待游客4.29万人次，旅游综合收入2801.37万元。乡村的勃勃生机，使得越来越多新的外乡创业者加入，而且吸引原村民回家创业，不到三年，昔日寂静衰落的"空心村"，很快成为有着600多固定人口的"文创村"，激活古村内生动力。在屏南，像龙潭村、夏地村等通过文创致富的例子很多，他们将传统的农耕文化，赋予创意加以创新，体现在乡村建筑风格、产业产品、生活方式中，为当今乡村振兴中的文创产业发展提供了一个宝贵的启示。

(二)借优势，抢先机，政和打造白茶文化为轴心的特色产业链

近年来，政和县在特色产业发展，在创新机制，激发产业新活力上做足功夫。政和因茶得名，全县拥有茶园面积11万亩，茶农占农户总数的75%。但长期存在资源分散、组织化程度弱化等问题。为激发茶产业发展活力，政和创新"白茶+生态银行"机制，实施资本化、项目化经营；并在原先的贫困村石圳村仅一公里国道边建成中国白茶城，建立起一个集茶叶展示交易、检测认证、仓储、物流、期货拍卖、金融服务、白茶价格指数发布等八大功能为一体的"一站式"全国白茶集散中心。政和人把优势做优、特色做特，不仅加快茶、竹、旅等特色产业的融合发展，而且整合全县文化资源，形成白茶文化、朱子文化、紫薇文化和廖俊波精神为主要文化符号的创意旅游文化产业链。

(三)会讲故事，讲好故事，浙江文创产业致富强

江浙乡村创意产业发展的一个突出特点是他们善于讲故事，讲好故事，把文化产业做活做优。以浙江丽水庆元县为例：该县并非著名廊桥之乡，但他们联合浙闽两省七县开展"廊桥申遗·全民参与—闽浙木拱廊桥

全国高校巡回展",在复旦大学、上海交通大学、武汉中国地质大学等院校,推出廊桥展、廊桥经典旅游路线推广等,把廊桥故事讲好讲生动,促进庆元优质文化资源转化为产业优势。同样的模式用在不同种类上,这个并非菌类资源最丰富的县,却把菌类故事讲得非常生动。近年来,该县大力挖掘香菇文化、廊桥文化、红色文化等八大文化资源,努力实现文化资源的产业化创新创意开发,文化软实力得到全面提升。2019年,庆元县拥有规模以上文化企业16家,文化产业园区1个;文化产业增加值达到5.31亿元,占GDP的比重为6.77%,在丽水全市9个县(市、区)排名第三,文化产业已经成为庆元县国民经济的支柱产业。

三、发展中存在的一些主要问题

文化是社会的精神动力,是社会航船的压舱石。文化创新是经济发展和科技进步的驱动力。福州市各县乡已经启动了创意文化产业发展,取得一定成效,但在发展中也不同程度存在着一些短板,主要表现如下。

(一)文化资源挖掘深广度的薄弱影响创意产业的开发

"临街是白墙,村头建牌坊。广场和亭子,村村一个样……"这首"打油诗"反映出乡村改造过程中同质化形象仍旧普遍,同质化现象不仅表现在村落的改造,还体现在文旅产业、乡村农副业产品开发等方面。这从一定程度上反映出福州市各地乡村在文化资源特色的挖掘上存在的薄弱环节。不同地域环境和自然资源对各个村落村民的生产生活方式都会产生影响,构成了彼此乡村文化的原真性和独特性。只有对乡村文化加以提炼,挖深挖透每个乡村背后的历史:那些属于自己村庄的重大事件,或重要人物等。这样方能更好地选择符合自己村落的文化属性,打造独特的文化品牌。文化资源挖掘深广度,影响了乡村创意产业的开发。主要体现在文化产业创意不足,层次不够高,同类产品跨村跨县的合作发展力度不够,覆盖区域狭小等方面。如畲族文化产业的联动开发,如疍民文化及其习俗的挖掘与活化利用等,或格局偏小或深广度不够,效果不理想。

(二)产业发展规划短视和创意思维的滞后影响发展后劲

目前,福州市各地在乡村振兴的具体实践过程中,均能充分利用政策红利,抓住本地文化特色,打造部分创意产业,短期效益较好。但是大多缺乏可持续发展的长期规划,尤其是乡村人旺产业旺的制度性保障尚无具体方案,影响发展后劲。许多地方富有特色的乡土文化资源的开发利用已然起步,但存在着"开场锣鼓很热闹,大戏怎么演精彩"的后续动作跟不上的遗憾。例如闽清传统陶瓷产业的文化创意和产业更新是个很好的地方文创产业,但是未能顺畅地发展光大。这跟各地如何将资源利用、创新和转化环节衔接不够紧密有关。一方面,在传统的科研组织体系中,基础研究、应用研究与成果转化之间的有机联系被片面分割,科研功能集中于院所、高校,科研活动以论文为成果主要形式,基础研究缺乏与乡村发展实践的对接,缺乏与新型企业的联手,或者对应用过程中创新的需求不匹配,在帮助乡镇文化创意产业的发展上没有实质性推动作用。另一方面,各县区乡镇在寻求相关院校和创意企业协作方面举措的主动性、对接性有待提高。

(三)文创产业缺乏可落地增效能的畅通途径

乡村创意产品的开发规划过程中除了对乡村自然生态文化和民俗文化的提炼之外,对相应产品的文化包装及市场营销还缺乏可落地增效能的畅通途径,例如许多古厝文化保护之后的活化利用。另外,乡村农副产品的创意开发、运营销售偏弱。农副产品是乡村最真实味道的直接载体,也是涉及到村民最直接的产业经济问题。规划乡村产业的运营模式和行销方法是项目落地的必要条件。当文化创意演变而来的产品有了价值,产品行销的畅通尤为重要,它不仅可以打出乡村文化创意品牌,更重要的是它实实在在地带动当地经济发展,使得乡村充满活力持续发展。

四、闽都文化赋能乡村文创产业发展的对策建议

乡村振兴战略的提出,是乡村融入新时代发展的重要机遇。在福州市大力打造闽都文化国际品牌背景下,闽都文化在赋能乡村文化创意产业发

展,在固化脱贫成果、全面推进乡村振兴中势必大有作为。通过田野调查与分析,提出如下对策建议。

(一)持续深挖闽都文化内涵,促进特色产业开发

从文化资源到文化产业是文化赋能乡村经济最直接的发展通路。应树立高度的文化自信,让源远流长、博大精深的闽都文化古为今用,在现代化道路上探索前行、开拓前进。闽都文化研究会协同组织编辑福州闽侯乡村文化记忆丛书,加强乡村文化内涵发掘,引导各地利用好乡村特色文化资源,发展乡村特色文化产业。目前,《方山走笔》《守望青口》《祥谦风采》等丛书已印刷出版,《雪峰山城》亦在采风编写中。这一模式效果很好,值得推广。以文化内涵为体,以资源禀赋为用,在保留资源文化价值的基础上,充分与市场结合,探索乡村文化发展的市场化路径。以讲好乡村故事为首要原则,克服文化资源的空洞堆砌,做好乡村文化内涵的现代化阐释。同时要合理开发乡村文化资源,做到经济效益与社会效益的协调发展。福州市永泰县在深挖本地文化促进创意产业发展方面做出了好的示范。

(二)把握创意产品的独特性与大局观发展的关系

每个村庄的建筑格局,是千百年择优而居的理念物化,包含着先祖生存的智慧。聚落的形态,来源于一个望族或一段历史。乡村文化反映了村民独特的生活方式:民风民俗、饮食习惯和劳作方式等。乡村创意产业,是对这些文化的包装。将农产品变成礼品,提升经济价值;如福州市乡村的寿山石雕、茉莉花茶、竹编、陶瓷等等文化创意产业的发展都是很好的案例。将商品变成记忆,进行情感营销;将文化融入农业,增加产品内涵;农副产品的文化包装和营销,不仅实现了产品价值的提升,还可通过游客,将本土文化进行传播,增强乡村的市场影响力。

乡村文创产业发展要具备大局观。既要以独特的在地性资源为依托,因地制宜地发展本地特色产业。通过品牌的塑造,打造文化形象的唯一性。又要关注每个区域内部的文化资源的共通性,通过区域协同打好"组合拳":如文化资源相近的乡村可以积聚力量,擦亮共同的文化名片;又

如两地或多地可以通过合作和沟通，促进资源要素的流通，找到比较优势，促进相关产业的蓬勃发展。永泰县走农文旅结合发展，做大生态游学研学，农产品多元化发展路线。很好处理区域内部文化资源的共通性和各村文化独特发展的关系：县、乡、村三级同步谋划，立足各村资源禀赋，每个村突出做大做优一个特色看点，避免同质化竞争。只有真正做到了以农为本、以乡为魂，才有可能迎来长线的投资与消费的热潮。

（三）注重引进专业团队，善于借力发展

乡村文化创意产业发展，应注重引进站位高、眼界广、创意足的专业团队和企业类新型研发机构进行科学统筹策划，可依托高校研发机构专业人员，形成产学研用深度融合的新型联合体，实现创新链条的有机重组，进而提升创新体系整体效能。建立起本土乡民、专家团队和企业类新型研发机构的有机联盟，把本地文化资源用好用足，共同打造地域特色鲜明的创意产业品牌。连江三落厝，引进厦门建发等实力雄厚的机构和企业，盘活古厝文化资源，发展产业；闽清桔林乡与省内高等院校联手，建立桔林"乡村振兴工作站"，以此为依托，开发当地文化创意产品，可资借鉴。

（四）进一步强化外部支撑体系，增强内生发展动力

各级政府在加快推进农业农村各项改革创新发展中可以发挥更好的作用。进一步强化推进乡村振兴的支撑体系，从流通体系、人才供给、农技创新、资金投入、城乡融合等方面入手，以完善外部支撑体系为实施乡村振兴战略提供更好保障。如健全多层次、宽领域的人才供给体系：一方面，建立"柔性"人才流动机制，提升对高端人才、城市人才等引进人才的服务质量，拓展和畅通城镇人才下乡的通道；另一方面，需加强乡土人才、新型职业农民等的培育，吸引农民工返乡创业，提升农业职业教育质量，加强农村经营管理和实用人才培训，提升当地农业人才素质，完善人才发展机制，打造乡村振兴的主力军；同时健全创新与推广紧密衔接的农技支撑体系。尤其在帮助创意项目找同盟方面给予政策方便，改变创新资源分割状态，盘活创新资源。如农田有效利用的引导，提供农业技术服务等。各地政府在搭建有利于要素双向自由流动的城乡融合体系方面也可以

多用心。建立健全城乡要素平等交换、双向流动的政策体系，促进要素更多向乡村流动，增强农业农村发展活力。使其更好巩固脱贫攻坚成果、增强内生发展动力。永泰县对庄寨文化的保护和开发经验可供借鉴，在努力增强内部动力的同时，借助外部力量做强做大品牌文化产业，举办乡村复兴论坛，召开永泰庄寨会议，邀请国内外著名专家学者和海外学子，鼎力相助，共同为打响闽都文化国际品牌，献计献策。

综上所述，近年来，在福州市委市政府的战略部署下，各地县乡充分利用独具特色的闽都文化资源禀赋，创造性转化和创新性发展，使得闽都文化在福州市乡村振兴的文化建设及文化产业发展中发挥了独特作用。特别是永泰县入选全省唯一的全国美丽乡村重点县建设试点，展现了他们在乡村振兴大潮中，勇于创新，先行先试，深入挖掘和弘扬闽都文化蕴含着的开时代风气之先的精神内核，推动文化创意与乡村建设、产业发展深度融合，成为文化建设引领乡村振兴的标杆和典型，走出了一条可资借鉴的乡村发展路径，给我们有益的启示。

课题指导：

练知轩（福州市政府原市长、市人大常委会原主任，闽都文化研究会荣誉会长）

组　长：

徐启源（中共福州市委原常委、秘书长、统战部部长，闽都文化研究会会长）

副组长：

林　山（福州市社科联原主席，闽都文化研究会常务副会长）

郑庆昌（福建省高校智库区域特色发展研究院院长、教授、博导，闽都文化智库专家）

李贵勇（中共福州市委政研室主任）

成　员：

林秀玉（闽江学院教授、闽都文化研究会学术一部主任）

单　南（闽都文化研究会学术二部主任）
周耿忾（中共福州市委政研室副主任）
李铁生（闽都文化研究院编辑，闽都文化研究会学术一部主任助理）
郑　莉（闽都文化研究会学术一部工作人员）

执　笔：
林秀玉　单　南

后　记

　　闽都文化研究会自成立以来，在福州市委、市政府的关心与支持下，始终以深耕闽都文化为己任，积极推动闽都文化的创造性转化和创新性发展。特别是近年来，我们主动围绕服务福州市委、市政府中心工作，着重从历史文化名城保护，长乐新区、滨海新城建设和推动名镇名村建设，实施乡村文化振兴等方面开展系列课题研究，取得阶段性研究成果。调研报告多次获得福州市委、市政府的重视和肯定。

　　为此，我们将2016年以来完成的12篇调研课题报告结集出版，这些课题既具有可挖掘的学术研究价值，也具有服务社会的现实意义。

　　这些课题在开展田野调查过程中，得到闽侯、永泰、闽清、罗源、福清和连江等县乡相关部门的大力支持，在资料综合评析时，相关领域的专家、学者和社会有识之士，留下了许多宝贵的意见，给我们以深深的启迪，在此深表谢忱。

　　行而不辍，未来可期。闽都文化研究会将接续深耕课题调研工作，在赋能福州市经济社会发展中做出更多有益的尝试。

编　者
2022年5月25日